JUAN PABLO II

Queridísimos jóvenes

Edición española
ampliada y dirigida por
Joaquín Fluriach Domínguez

PLAZA & JANES EDITORES, S. A.

Plaza & Janés Editores, S. A. donará parte de los beneficios de este libro a obras de caridad de la Santa Sede.

Título original: *Carissimi Giovani*
Diseño de la portada: NEXT
Fotografía de la portada: © *L'Osservatore Romano* y Arturo Mari

Primera edición: septiembre, 1995

Edición española ampliada y dirigida por Joaquín Fluriach Domínguez, sacerdote de la diócesis de Barcelona

Printed in Spain - Impreso en España

ISBN: 84-01-37557-6
Depósito legal: B. 34.633-1995

Fotocomposición: Alfonso Lozano

Impreso en Printer Industria Gráfica, s.a.
San Vicenç dels Horts (Barcelona)

L 375576

PRÓLOGO

Por primera vez en lengua hispana se han recopilado en un volumen y se han ordenado temáticamente los pasajes más significativos de los discursos y las homilías que Juan Pablo II ha dirigido a los jóvenes en los últimos años, tanto en Roma como con ocasión de sus viajes a diversas partes del mundo. Celebro la coincidencia de su edición con el encuentro de Su Santidad con los jóvenes europeos en el santuario de Loreto, en septiembre de 1995.

Muchos son los mensajes que hoy se hacen llegar a los jóvenes. Pero pocos son tan libres y desinteresados como el que les envía Juan Pablo II. Es un mensaje libre y que llama a la libertad «para la que Cristo nos redimió». Es un discurso libre en quien lo emite y que apela a la libertad de sus destinatarios. Como discurso desinteresado que es, no aspira al halago o a la adhesión fácil, pues Juan Pablo II sabe muy bien que, con frecuencia, el Evangelio está llamado a ser un «signo de contradicción», como lo fue el mismo Jesús para sus contemporáneos y lo sigue siendo, a veces en lo íntimo de cada conciencia, para los hombres y mujeres de todos los tiempos.

Doy las gracias a todos cuantos han hecho posible esta edición, llamada a ser un puente entre nuestro buen papa Juan Pablo II, misionero por los caminos del mundo, y la juventud de habla hispana. ¡Quiera Dios que esta iniciativa ayude a hacer realidad –en vísperas ya del Jubileo del segundo milenio– el encuentro de muchos jóvenes con Jesucristo, con su Evangelio, con su Iglesia! De esta manera, ayudará también a hacer realidad aquellas memorables palabras de Juan Pablo II dirigidas a los jóvenes en la plaza de San Pedro, el primer día de su pontificado: «Vosotros sois la esperanza de la Iglesia y del mundo. Vosotros sois mi esperanza.»

RICARDO M.ª CARDENAL CARLES
Arzobispo de Barcelona

En el libro Cruzando el umbral de la Esperanza, *Juan Pablo II dedica una serie de reflexiones a la juventud, de las que hemos extraído las más significativas para el contexto de* Queridísimos jóvenes.

¿Qué es la juventud? No es solamente un período de la vida correspondiente a un determinado número de años, sino que es, a la vez, *un tiempo dado por la Providencia a cada hombre, tiempo que se le ha dado como tarea*, durante el cual busca, como el joven del Evangelio, la respuesta a los interrogantes fundamentales; no sólo el sentido de la vida, sino también un plan concreto para comenzar a construir su vida. Ésta es la característica esencial de la juventud. Además del sacerdote, cada educador, empezando por los padres, debe conocer bien esta característica, y debe saberla reconocer en cada muchacho o muchacha; digo más, debe *amar lo que es esencial para la juventud.*

En los jóvenes hay un inmenso potencial de bien, y de posibilidades creativas. Cuando me encuentro con ellos, en cualquier lugar del mundo, *espero en primer lugar todo lo que ellos quieran decirme*, de su sociedad, de su Iglesia. Y siempre les hago tomar conciencia de esto: «No es más importante, en absoluto, lo que yo os vaya a decir; lo importante es lo que vosotros me digáis. Me lo diréis no necesariamente con palabras; lo diréis con vuestra presencia, con vuestras canciones, quizá incluso con vuestros bailes, con vuestras representaciones; en fin, con vuestro entusiasmo.»

Tenemos necesidad del entusiasmo de los jóvenes. Tenemos necesidad de la alegría de vivir que tienen los jóvenes. En ella se refleja algo de la alegría original que Dios tuvo al crear al hombre. Esta alegría es la que experimentan los jóvenes en sí mismos. Es igual en cada lugar, pero es también siempre nueva, original. Los jóvenes la saben expresar a su modo. *No es verdad que sea el Papa quien lleva a los jóvenes de un extremo al otro del globo terráqueo. Son ellos quienes le llevan a él.* Y aunque sus años aumentan, ellos le exhortan a ser joven, no le permiten que olvide su experiencia, su descubrimiento de la juventud y la gran importancia que tiene para la vida de cada hombre. Pienso que esto explica muchas cosas.

El día de la inauguración del pontificado, el 22 de octubre de 1978, después de la conclusión de la liturgia, dije a los jóvenes en la plaza de San Pedro: «Vosotros sois la esperanza de la Iglesia y del mundo. Vosotros sois mi esperanza.» Recuerdo constantemente aquellas palabras.

Los jóvenes y la Iglesia. Resumiendo, deseo subrayar que *los jóvenes buscan a Dios*, buscan el sentido de la vida, buscan respuestas definitivas: «¿Qué debo hacer para heredar la vida eterna?» (*Lc* 10,25). En esta búsqueda no pueden dejar de encontrar la Iglesia. *Y tampoco la Iglesia puede dejar de encontrar a los jóvenes.* Solamente hace falta que la Iglesia posea una profunda comprensión de lo que es la juventud, de la importancia que reviste para todo hombre. *Hace falta también que los jóvenes conozcan la Iglesia, que descubran en ella a Cristo*, que camina a través de los siglos con cada generación, con cada hombre. Camina con cada uno como un amigo. Importante en la vida de un joven es el día en que se convence de que éste es el único Amigo que no defrauda, con el que siempre se puede contar.

1

LA JUVENTUD: RIQUEZA, PROGRESO, CRECIMIENTO

Queridos amigos:

«Siempre prontos para dar razón de vuestra esperanza a todo el que os la pidiere.» [1]

Éstos son los votos que formulo para vosotros, jóvenes.

Si el hombre es el camino fundamental y cotidiano de la Iglesia,[2] entonces se comprende bien por qué la Iglesia atribuye una *especial importancia al período de la juventud* como una etapa clave de la vida de cada hombre. Vosotros, jóvenes, encarnáis esa juventud. Vosotros sois la juventud de las naciones y de la sociedad, la juventud de cada familia y de toda la humanidad. Vosotros sois también la juventud de la Iglesia. Todos miramos hacia vosotros, porque todos nosotros en cierto sentido volvemos a ser jóvenes constantemente gracias a vosotros. Por eso, vuestra juventud no es sólo algo vuestro, algo personal o de una generación, sino algo que pertenece al conjunto de ese espacio que cada hombre recorre en el itinerario de su vida, y es a la vez *un bien especial de todos*. Un bien de la humanidad misma.

En vosotros está la esperanza, porque pertenecéis al futuro, y el futuro os pertenece. En efecto, *la esperanza está siempre unida al futuro*, es la espera de los «bienes futuros». Como virtud cristiana ella está unida a la espera de aquellos bienes eternos que Dios ha prometido al hombre en Jesucristo.[3] Y contemporáneamente esta *esperanza*, en cuanto virtud cristiana y humana a la vez, es *la espera de los bienes* que el hombre se construirá utilizando los talentos que le ha dado la Providencia.

En este sentido a vosotros, jóvenes, os pertenece el futuro, como una vez perteneció a las generaciones de los adultos y precisamente también con ellos se ha convertido en *actualidad*. De esa actualidad, de su forma múltiple y de su perfil son responsables ante todo los adultos. A vosotros os corresponde *la responsabilidad de lo que* un día se convertirá en actualidad junto con vosotros y que ahora *es todavía futuro*.

Cuando decimos que *a vosotros os corresponde el futuro*, pensamos en *categorías humanas transitorias*, en cuanto que el hombre está siempre de paso hacia el futuro. Cuando decimos que *de vosotros depende el futuro*, pensamos *en categorías éticas*, según las exigencias de la responsabilidad moral que nos impone atribuir al hombre como persona –y a las comunidades y sociedades compuestas por personas– el valor fundamental de los actos, de los propósitos, de las iniciativas y de las intenciones humanas.

Esta dimensión es también la dimensión propia de la esperanza cristiana y humana. En esta dimensión, *el primer y fundamental voto* que la Iglesia, a través de mí, formula para vosotros, jóvenes, en este Año dedicado a la Juventud es que estéis «siempre prontos para dar razón de vuestra esperanza a todo el que os la pidiere».[4]

Cristo habla con los jóvenes

Estas palabras, escritas un día por el Apóstol Pedro a la primera generación cristiana, están en relación con todo el Evangelio de Jesucristo. Nos daremos cuenta de esta relación de modo más claro, cuando reflexionemos sobre *el coloquio de Cristo con el joven* referido por los evangelistas.[5] Entre muchos otros textos bíblicos es éste el primero que debe ser recordado aquí.

A la pregunta: «maestro bueno, ¿qué he de hacer para alcanzar la vida eterna?», *Jesús responde con esta pregunta*: «¿Por qué me llamas bueno? Nadie es bueno sino sólo Dios.»

Y añade: «Ya sabes los mandamientos: No matarás, no adulterarás, no robarás, no levantarás falso testimonio, no defraudarás, honra a tu padre y a tu madre.» [6] Con estas palabras Jesús *recuerda* a su interlocutor algunos de los mandamientos del Decálogo.

Pero la conversación no termina ahí. En efecto, el joven afirma: «Maestro, todo esto lo he guardado desde mi juventud.» Entonces –escribe el Evangelista–, «Jesús, poniendo en él los ojos, le amó y le dijo: Una sola cosa te falta: vete, vende cuanto tienes y dalo a los pobres, y tendrás un tesoro en el cielo; luego ven y sígueme».[7]

En este momento *cambia el clima* del encuentro. El Evangelista escribe del joven que «se anubló su semblante y se fue triste, porque tenía mucha hacienda».[8]

Hay *otros pasajes del Evangelio* en los que Jesús de Nazaret encuentra jóvenes. Particularmente sugestivas son las dos resurrecciones: la de la hija de Jairo [9] y la del hijo de la viuda de Naín.[10] Sin embargo, podemos admitir que el coloquio antes citado es sin duda *el encuentro* más completo y *más rico de contenido.* Se puede decir también que éste tiene carácter más universal y ultratemporal; es decir, que vale en cierto sentido, *constante y continuamente*, a lo largo de los siglos y generaciones. Cristo habla así con un joven, con un muchacho o muchacha; conversa en diversos lugares de la tierra en medio de las diversas naciones, razas y culturas. *Cada uno de vosotros* es un potencial *interlocutor* en este coloquio.

Al mismo tiempo todos los elementos de la descripción y todas las palabras dichas por ambas partes en tal conversación tienen un significado muy esencial, poseen su peso específico. Se puede decir que estas palabras contienen una verdad particularmente profunda sobre el hombre en general y, en especial, *la verdad sobre la juventud humana.* Son en verdad importantes para los jóvenes.

La juventud una riqueza singular

Comenzaremos por lo que se encuentra al final del texto evangélico. El joven se fue triste «porque tenía mucha hacienda».

Sin duda esta frase se refiere a los bienes materiales, de los que el joven era propietario o heredero. Quizá es ésta la situación propia de algunos, pero no es la típica. Por ello las palabras del Evangelista sugieren otra visión del problema: *se trata del hecho de que la juventud por sí misma* (prescindiendo de cualquier bien material) *es una riqueza singular* del hombre, de una muchacha o de un muchacho, y en la mayor parte de los casos es vivida por los jóvenes como una específica riqueza. La mayor parte de las veces, pero no siempre, no como regla, porque no faltan hombres que por diversos motivos no experimentan la juventud como riqueza. De ellos habrá que hablar por separado.

Hay sin embargo razones –incluso *de tipo objetivo*– para pensar en la juventud como en una singular riqueza que el hombre experimenta precisamente en tal período de su vida. Éste se distingue ciertamente del período de la infancia (es, en efecto, la salida de los años de la infancia), como se distingue también del período de la plena madurez. Efectivamente, el período de la juventud *es el tiempo* de un descubrimiento *particularmente intenso del «yo» humano* y de las propiedades y capacidades que éste encierra. A la vista interior de la personalidad en desarrollo de un joven o de una joven se abre gradual y sucesivamente aquella *específica* –en cierto sentido única e irrepetible– *potencialidad de una humanidad concreta*, en la que está como inscrito el *proyecto completo de la vida futura*. La vida se delinea como la realización de tal proyecto, como «autorrealización».

La cuestión merece naturalmente una explicación desde muchos puntos de vista. Pero si queremos expresarlo brevemente, se revela precisamente tal perfil y forma de riqueza que es la juventud. Es *la riqueza de descubrir* y a la vez de *programar, de elegir, de prever y de asumir como algo propio las primeras decisiones*, que tendrán importancia para el futuro en la dimensión estrictamente personal de la existencia humana. Al mismo tiempo, tales decisiones tienen no poca importancia social. El joven del Evangelio se encuentra en esta fase existencial, como deducimos de las mismas preguntas que hace en el coloquio con Jesús. Por ello, también las palabras conclusivas referentes a la «mucha hacienda», es decir, a la riqueza, pueden entenderse en este sentido preciso: el de la riqueza que es la juventud misma.

Pero hemos de preguntarnos: esa riqueza que es la juventud, ¿debe acaso alejar al hombre de Cristo? El Evangelista no dice esto ciertamente; el mismo examen del texto permite concluir más bien en sentido opuesto. En la decisión de alejarse de Cristo han influido en definitiva sólo las riquezas exteriores, *lo que el joven poseía* («la hacienda»). *No lo que él era*. Lo que él era, precisamente en cuanto joven –es decir, la riqueza interior que se esconde en la juventud–, le había conducido a Jesús. Y le había llevado a hacer aquellas preguntas, en las que se trata de manera más clara del *proyecto de toda la vida*. ¿Qué he de hacer? «¿Qué he de hacer para alcanzar la vida eterna?» ¿Qué he de hacer *para que mi vida* tenga pleno *valor* y pleno *sentido*?

La juventud de cada uno de vosotros, queridos amigos, es una riqueza que se manifiesta *precisamente en estas preguntas*. El hombre se las pone a lo largo de toda su vida. Sin embargo, durante la juventud ellas se imponen *de un modo particularmente intenso*, incluso insistente. Y es bueno que suceda así. Porque esas preguntas prueban la dinámica del desarrollo de la personalidad humana que es propia de vuestra edad. Estas preguntas os las ponéis a veces de manera impaciente, y a la vez vosotros mismos comprendéis que la respuesta a ellas no puede ser apresurada ni superficial. Ha de tener un peso específico y definitivo. Se trata de una *respuesta que se refiere a toda la vida*, que abarca el conjunto de la existencia humana.

De manera particular estas preguntas esenciales se las ponen vuestros coetáneos, cuya vida *está marcada*, ya desde la juventud, *por el sufrimiento*: por alguna carencia física, por alguna deficiencia, por algún «handicap» o limitación, por la difícil situación familiar o social. Si a pesar de todo ello su conciencia se desarrolla normalmente, la pregunta sobre el sentido y valor de la vida se convierte en algo esencial y a la vez *particularmente dramático*, porque desde el principio está marcada por el dolor de la existencia. ¡Cuántos de estos jóvenes se encuentran en medio de la gran multitud de jóvenes del mundo entero! ¡Cuántos son en las diversas naciones, sociedades y en cada familia! ¡Cuántos se ven obligados a vivir desde la juventud en un establecimiento u hospital, condenados a una cierta pasividad que puede suscitar en ellos sentimientos de ser inútiles a la humanidad!

¿Se puede decir entonces que también su juventud es una riqueza interior? ¿A quién hemos de preguntar esto? ¿A quién han de poner ellos esta pregunta esencial? Parece que Cristo es en estos casos el único interlocutor competente, aquel que nadie puede sustituir plenamente.

Dios es amor

Cristo responde a su joven interlocutor del Evangelio. Él le dice: «*Nadie es bueno sino sólo Dios.*» Hemos oído ya lo que el otro preguntaba. «Maestro bueno, ¿qué he de hacer para alcanzar la vida eterna?» ¿Cómo actuar, a fin de que mi vida tenga sentido, pleno sentido y valor? Nosotros podemos traducir así su pregunta en el lenguaje de nuestro tiempo. En este contexto la respuesta de Cristo quiere decir: sólo Dios es el último *fundamento de todos los valores*; sólo Él da sentido definitivo a nuestra existencia humana.

Sólo Dios es bueno, lo cual significa: en Él y sólo en Él todos los valores tienen su primera fuente y su cumplimiento final; en Él «el alfa y la omega, el principio y el fin».[11] Solamente en Él hallan su autenticidad y confirmación definitiva. *Sin Él* –sin la referencia a Dios– todo el mundo de los valores creados queda como suspendido *en un vacío* absoluto, pierde su transparencia y expresividad. El mal se presenta como bien y el bien es descartado. ¿No nos indica esto mismo la experiencia de nuestro tiempo, dondequiera que Dios ha sido eliminado del horizonte de las valoraciones, de los criterios, de los actos?

¿Por qué sólo Dios es bueno? *Porque Él es amor*. Cristo da esta respuesta con las palabras del Evangelio, y sobre todo con el testimonio de la propia vida y muerte: «Porque tanto amó Dios al mundo, que le dio su unigénito Hijo.» [12] Dios es bueno porque «es amor».[13]

La pregunta sobre el valor, la pregunta sobre el sentido de la vida –lo hemos dicho– forma parte de la riqueza particular de la juventud. Brota *de lo más profundo de las riquezas y de las inquietudes*, que van unidas al proyecto de vida que se debe asumir y realizar. Más todavía cuando la juventud es probada por el sufrimiento personal o es profundamente consciente del sufrimiento ajeno; cuando experimenta una fuerte sacudida ante las diversas formas del mal que existe en el mundo; y finalmente cuando se pone frente al misterio del pecado, de la iniquidad humana (mysterium iniquitatis).[14] La respuesta de Cristo equivale a: sólo Dios es bueno, sólo Dios es amor. Esta respuesta puede parecer difícil, pero a la vez es firme y verdadera; *lleva en sí la solución definitiva.* Ruego insistentemente, a fin de que vosotros, jóvenes amigos, escuchéis esta respuesta de Cristo de modo verdaderamente personal, para que encontréis el camino interior que os ayude a comprenderla, para aceptarla y hacerla realidad.

Así es Cristo en la conversación con el joven. Así es en el coloquio con cada uno y cada una de vosotros. Cuando le preguntáis: «Maestro bueno...», Él pregunta: «¿Por qué me llamas bueno? Nadie es bueno sino sólo Dios.» Como si dijera: el hecho de que yo sea bueno *da testimonio de Dios*. «El que me ha visto a mí ha visto al Padre.» [15] Así habla Cristo, maestro y amigo, Cristo crucificado y resucitado; el mismo ayer, hoy y por los siglos.[16]

Éste es el núcleo, *el punto esencial* de la respuesta a las preguntas que vosotros, jóvenes, hacéis a Él mediante la riqueza que hay en vosotros y que está arraigada en vuestra juventud. Ésta abre ante vosotros diversas perspectivas, os ofrece como tarea el proyecto de una vida entera. De ahí la pregunta sobre los valores; de ahí la pregunta sobre el sentido, sobre la verdad, sobre el bien y el mal. Cuando Cristo al responderos os manda referir todo esto a Dios, *os indica* a la vez cuál es la *fuente de ello y el fundamento que está en vosotros*. En efecto, cada uno de vosotros es *imagen y semejanza de Dios* por el hecho mismo de la creación.[17] Tal *imagen y semejanza* hace precisamente que os pongáis estas preguntas que os debéis plantear. Ellas demuestran hasta qué punto *el hombre sin Dios no puede comprenderse a sí mismo* ni puede tampoco *realizarse* sin Dios. Jesucristo ha venido al mundo ante todo para hacer a cada uno de nosotros conscientes de ello. Sin Él esta dimensión fundamental de la verdad sobre el hombre caería fácilmente en la oscuridad. Sin embargo, «vino la luz al mundo»,[18] «pero las tinieblas no la acogieron».[19]

La pregunta sobre la vida eterna

¿Qué he de hacer para que la vida tenga valor, tenga sentido? Esta pregunta apasionante, en boca del joven del Evangelio suena así: «*¿Qué he de hacer para alcanzar la vida eterna?*» El hombre que pone la pregunta de esta manera, ¿habla un lenguaje comprensible para los hombres de hoy? ¿No somos nosotros la generación a la que *el mundo y el progreso temporal* llenan completamente el horizonte de la existencia? Nosotros pensamos ante todo con categorías terrenas. Si superamos los confines de nuestro planeta, lo hacemos para inaugurar los vuelos interplanetarios, para transmitir señales a otros planetas y enviar hacia ellos sondas cósmicas.

Todo esto se ha convertido en el *contenido* de nuestra

civilización moderna. La ciencia junto con la técnica ha descubierto de modo inigualable las posibilidades del hombre con respecto a la materia, y ha conseguido también *dominar el mundo interior* de su pensamiento, de sus capacidades, tendencias y pasiones.

Pero a la vez es claro que, cuando nos ponemos *ante Cristo*, cuando Él se convierte en el confidente de los interrogantes de nuestra juventud, *no podemos poner una pregunta diversa* de la del joven del Evangelio: «¿Qué he de hacer para alcanzar la vida eterna?» Cualquier otra pregunta sobre el sentido y valor de nuestra vida sería, ante Cristo, insuficiente y no esencial.

En efecto, Cristo no sólo es el «maestro bueno» que indica los caminos de la vida sobre la tierra. Él es el *testigo* de aquellos *destinos definitivos* que el hombre tiene en Dios mismo. Él es el testigo de la *inmortalidad* del hombre. El Evangelio que Él anunciaba con su voz está sellado definitivamente con la cruz y la resurrección en el misterio pascual. «Cristo, resucitado de entre los muertos, ya no muere, la muerte no tiene ya dominio sobre Él.»[20] En *su resurrección* Cristo se ha convertido también en un permanente «signo de contradicción»[21] frente a todos los programas incapaces de conducir al hombre *más allá de las fronteras de la muerte*. Más aún, ellos con este confín eliminan toda pregunta del hombre sobre el valor y el sentido de la vida. Frente a todos estos programas, a los modos de ver el mundo y a las ideologías, Cristo repite constantemente: «Yo soy la resurrección y la vida.»[22]

Por tanto, si tú, querido hermano y querida hermana, quieres hablar con Cristo adhiriéndote a toda la verdad de su testimonio, por una parte has de «*amar al mundo*»; porque Dios «tanto amó al mundo, que le dio su Hijo unigénito»;[23] y, al mismo tiempo, has de *conseguir el desprendimiento* interior respecto a toda esta realidad rica y apasionante que es «el mundo». Has de decidirte a plantearte la pregunta *sobre la vida eterna*. En efecto, «pasa la apariencia de este mundo»,[24] y cada uno de nosotros estamos sometidos a este pasar. El hombre nace con la *perspectiva* del día de su muerte en la dimensión del mundo visible; y al mismo tiempo el hombre, para quien la razón interior de ser consiste en superarse a sí mismo, lleva consigo también todo aquello con lo que *supera al mundo.*

Todo aquello con que el hombre supera en sí mismo al mundo –aun estando radicado en él– se explica por la imagen y semejanza de Dios que está inscrita en el ser humano desde el principio. Y todo esto con lo que el hombre supera al mundo *no solamente justifica el interrogante sobre la vida eterna*, sino que, incluso, lo hace indispensable. Ésta es la pregunta que los hombres se plantean desde hace tiempo, y no sólo en el ámbito del mundo cristiano, sino también fuera de él. Vosotros debéis tener también el valor de ponerla como el joven del Evangelio. El cristianismo nos enseña a *comprender la temporalidad desde la perspectiva del reino de Dios*, desde la perspectiva de la vida eterna. Sin ella, la temporalidad, incluso la más rica o la más formada en todos los aspectos, al final lleva al hombre sólo a la inevitable necesidad de la muerte.

Ahora bien, existe una *antinomia entre la juventud y la muerte.* La muerte parece estar lejos de la juventud. Y así es. Más aún, dado que la juventud significa el proyecto de toda la vida, construido según el criterio del sentido y del valor, también durante la juventud se hace indispensable *la pregunta sobre el final.* La experiencia humana dejada a sí misma, da la misma respuesta que la Sagrada Escritura: «Está establecido morir una vez.»[25] Y el escrito inspirado añade: «Después de esto viene el juicio.»[26] Y Cristo dice: «*Yo soy la resurrección y la vida*; el que cree en mí, aunque muera, vivirá.»[27]

LA JUVENTUD COMO «CRECIMIENTO»

Permitidme que termine esta parte de mis consideraciones recordando las palabras con las que el Evangelio habla de la *juventud misma de Jesús de Nazaret*. Éstas son breves, aunque abarcan el período de treinta años transcurridos por Él en el hogar familiar, al lado de María y José, el carpintero. El Evangelista Lucas escribe: «*Jesús crecía (o progresaba) en sabiduría y edad y gracia ante Dios y ante los hombres.*»[28]

Así pues, la *juventud es un «crecimiento»*. A la luz de todo lo que se ha dicho hasta ahora sobre este tema, tal palabra evangélica parece ser particularmente *sintética y sugestiva*. El crecimiento «en edad» se refiere a la relación natural del hombre con el tiempo; este crecimiento es como *una etapa «ascendente»* en el conjunto del pasar humano. A éste corresponde todo el desarrollo sicofísico; es el crecimiento de todas las energías, *por medio de las cuales se constituye* la normal individualidad. Pero es necesario que a este proceso corresponda el crecimiento «en sabiduría y en gracia».

A todos vosotros, queridos jóvenes amigos, deseo precisamente tal «crecimiento». Puede decirse que *por medio de éste la juventud* es precisamente *la juventud*. De este modo ella adquiere su característica propia e irrepetible. De este modo ella llega a cada uno y a cada una de vosotros, en la experiencia personal y a la vez comunitaria, como *un valor especial*. Y de manera parecida, ella se consolida también en la experiencia de los hombres adultos, que ya tienen la juventud detrás de sí, y que de la etapa «ascendente» van pasando a la «descendente» haciendo el balance global de la vida.

Conviene que la juventud sea un «crecimiento» que lleve consigo *la acumulación gradual de todo lo que es verdadero, bueno y bello*, incluso cuando ella esté unida «desde fuera» a los sufrimientos, a la pérdida de personas queridas y a toda la experiencia del mal, que incesantemente se hace sentir en el mundo en que vivimos.

Es necesario que la juventud sea un «crecimiento». Para ello es de enorme importancia *el contacto con el mundo visible, con la naturaleza*. Esta relación nos enriquece durante la juventud de modo distinto al de la ciencia sobre el mundo «sacada de los libros». Nos enriquece de manera directa. Se podría decir que, permaneciendo en contacto con la naturaleza, nosotros asumimos en nuestra existencia humana *el misterio mismo de la creación*, que se abre ante nosotros con inaudita riqueza y variedad de seres visibles, y al mismo tiempo invita constantemente hacia lo que está escondido, que es invisible. La *sabiduría* –ya sea por boca de los libros inspirados,[29] como por el testimonio de muchas mentes geniales– parece *poner en evidencia* de diversos modos «*la transparencia del mundo*». Es bueno para el hombre leer en este libro admirable, que es el «libro de la naturaleza», abierto de par en par para cada uno de nosotros. Lo que una mente joven y un corazón joven leen en él parece estar *sincronizado* profundamente con *la exhortación a la Sabiduría*: «Adquiere la sabiduría, compra la inteligencia... No la abandones y te guardará; ámala y ella te custodiará.»[30]

El hombre actual, especialmente en el ámbito de la civilización técnica e industrial altamente desarrollada, ha llegado a ser en gran escala el explorador de la naturaleza, tratándola no pocas veces de manera utilitaria, destruyendo así muchas de sus riquezas y atractivos y contaminando *el ambiente natural* de su existencia terrena. La naturaleza, en cambio, ha sido dada al hombre como objeto de admiración y contemplación, como un gran espejo del mundo. Se refleja en ella *la alianza del Creador* con su *criatura*, cuyo centro ya desde el principio se encuentra en el hombre, creado directamente «a imagen» de su Creador.

Por esto deseo también a vosotros, jóvenes, que vuestro crecimiento «en edad y sabiduría» tenga lugar mediante el contacto con la naturaleza. ¡Buscad tiempo para ello! ¡No lo escatiméis! *Aceptad también la fatiga y el esfuerzo* que este contacto supone a veces, especialmente cuando deseamos alcanzar objetivos particularmente importantes. Esta fatiga es creativa, y constituye a la vez el elemento de un *sano descanso* que es necesario, igual que el estudio y el trabajo.

Esta fatiga y este esfuerzo poseen también su calificación

bíblica, especialmente en San Pablo, que compara toda la vida cristiana a una *competición en el estadio deportivo.*[31]

A cada una y a cada uno de vosotros son necesarios esta fatiga y este esfuerzo, en los que no sólo se templa el cuerpo, sino que el hombre entero prueba el gozo de dominarse y *de superar los obstáculos y resistencias.* Ciertamente, éste es uno de los elementos del «crecimiento» que caracteriza la juventud.

Os deseo, también, que este «crecimiento» tenga lugar a través del contacto *con las obras del hombre* y, más aún, con los *hombres vivos.* ¡Cuántas son las obras que los hombres han realizado en la historia! ¡Cuán grande es su riqueza y variedad! La juventud parece ser particularmente sensible a la verdad, al bien y a la belleza, que están contenidas en las obras del hombre. Permaneciendo en contacto con ellas en el terreno de tantas culturas diversas, de tantas artes y ciencias, nosotros *aprendemos la verdad sobre el hombre* (expresada tan sugestivamente también en el *Salmo 8*), la verdad que es capaz de formar y de profundizar la humanidad de cada uno de nosotros.

De manera particular, sin embargo, estudiamos al hombre teniendo *relaciones con los hombres.* Conviene que la juventud os permita crecer «en sabiduría» mediante este contacto. Éste es, en efecto, el tiempo en que se establecen nuevos contactos, *compañías y amistades*, en un ámbito más amplio que el de la familia. Se abre el gran campo de la experiencia, que posee no sólo una importancia cognoscitiva, sino al mismo tiempo educativa y ética. Toda esta experiencia de la juventud será útil, cuando produzca en cada uno y cada una de vosotros también el sentido crítico y, ante todo, *la capacidad de discernimiento* en todo aquello que es humano. Feliz será esta experiencia de la juventud, si gradualmente aprendéis de ella aquella esencial *verdad sobre el hombre* –sobre cada hombre y sobre uno mismo–, la verdad que es sintetizada así en el insigne texto de la Constitución pastoral *Gaudium et spes*: «El hombre, única criatura terrestre a la que Dios ha amado por sí misma, no puede encontrar su propia plenitud si no es en la entrega sincera de sí mismo a los demás.»[32]

Así aprendamos a conocer a los hombres para ser más plenamente hombres mediante la capacidad de «darse», de *ser* hombre «*para los demás*». Esta verdad sobre el hombre –esta antropología– encuentra *su culmen* inalcanzable *en Jesús de Nazaret*. Por esto es tan importante también su adolescencia, mientras «crecía en sabiduría... y gracia ante Dios y ante los hombres».

Os deseo este «crecimiento» *mediante el contacto con Dios*. Puede ayudar para ello –indirectamente– también el contacto con la naturaleza y con los hombres; pero de modo directo ayuda en ello *especialmente la oración*. ¡Orad y aprended a orar! Abrid vuestros corazones y vuestras conciencias ante Aquél que os conoce mejor que vosotros mismos. ¡Hablad con Él! Profundizad en la Palabra del Dios vivo, leyendo y meditando la Sagrada Escritura.

Éstos son *los métodos y medios* para cercarse a Dios y tener contacto con Él. Recordad que se trata de una relación recíproca. *Dios responde* también con la más «gratuita entrega de Sí mismo», don que en el lenguaje bíblico se llama «gracia». ¡Tratad de vivir en gracia de Dios!

Esto por lo que se refiere al tema del «crecimiento», del que escribo señalando solamente los principales problemas; cada uno de ellos es susceptible de una discusión más amplia. Espero que esto tenga lugar en los diversos *ambientes juveniles* y grupos, en los movimientos y en las organizaciones, que son tan numerosas en los distintos países y en cada continente, mientras cada uno es guiado por su propio método mismo *de trabajo formativo y de apostolado*. Estos organismos, con la participación de los Pastores de la Iglesia, desean indicar a los jóvenes el camino de aquel «crecimiento» que constituye, en cierto sentido, *la definición evangélica de la juventud*.

Carta apostólica a los jóvenes y a las jóvenes del mundo,
Roma 31/3/1985, párr. 1-5 y 14

❖ ❖ ❖

Queridos jóvenes:

Ha llegado el momento de la despedida. Nos despedimos bajo la mirada de la «Virgen Negra», la Virgen de Jasna Góra, que hoy contemplamos en la gloria de la Asunción al cielo.

En ella la naturaleza humana alcanzó su expresión más alta, inferior sólo a la perfección del Hijo, el Verbo encarnado. María está delante de nosotros como el modelo de una vida que supo *crecer hasta la madurez plena.*

«Crecer», «madurar»: es el empeño característico de la juventud. En el ámbito biológico, cuando te detienes, cuando ya no creces, es señal de que comienzas a envejecer.

Esta ley vale también para el espíritu, con la diferencia de que el espíritu no tiene límites biológicos de crecimiento. Precisamente por esta razón no puede envejecer.

Queridos jóvenes, éste es el compromiso que la Virgen os deja: *creced como personas*, desarrollando los talentos del cuerpo y del espíritu; *creced como cristianos*, tratando de ser santos; *creced como testigos de Cristo*, luz del mundo.

María Santísima os indica también el camino de este itinerario de crecimiento: *el camino es Cristo Jesús.* Es un camino empinado, estrecho y fatigoso. Pero para quien sabe recorrerlo, haciendo del Evangelio la norma de la propia vida, es un camino que introduce en la alegría verdadera.

Jóvenes, «recibisteis un espíritu de hijos» (*Rm* 8,15). ¡No desperdiciéis esta estupenda herencia!

Sed exigentes con el mundo que os rodea; sedlo en primer lugar con vosotros mismos. Sed hijos de Dios: ¡sentíos orgullosos de ello!

No os resignéis a la mediocridad; no os rindáis a los condicionamientos de las modas corrientes, que imponen un estilo de vida no conforme con los ideales cristianos; no cedáis a los halagos del consumismo. Cristo os llama a grandes empresas. No lo defraudéis, pues os defraudaríais a vosotros mismos.

Con la fuerza que Cristo os da, llevad a todos el anuncio de que *Dios quiere hacer de cada ser humano un hijo suyo*. Que vuestro testimonio sea la levadura de ese mundo nuevo al que cada uno aspira: un mundo verdaderamente justo, solidario y fraterno.

María, la Madre de Dios y de los hombres, camina con vosotros.

¡Amadísimos jóvenes!

Que la experiencia de fe vivida a los pies de la «Virgen Negra» de Czestochowa permanezca impresa para siempre en vuestros corazones.

«Habéis recibido un espíritu de hijos.» Proclamad, pues, esta certeza a cuantos encontréis por los caminos de la vida. Que vuestro testimonio cristiano sea levadura de un mundo nuevo para que pueda ser verdaderamente justo, solidario y fraterno.

¡Que la Santísima Virgen os acompañe!

Saludo final, Czestochowa 15/8/1991

NOTAS

1. *1 Pe* 3,15.
2. Cf. Juan Pablo II, Encícl. *Redemptor hominis*, 14; *AAS* 71, 1979, 284 s.
3. Cf. *Rom* 8,19,21; *Ef* 4,4; *Flp* 3,10 s.; *Tit* 3,7; *Heb* 7,19; *1 Pe* 1,13.
4. *1 Pe* 3,15.
5. Cf. *Mc* 10, 17-22; *Mt* 19,16-22; *Lc* 18, 18-23.
6. *Mc* 10,17-19.
7. *Mc* 10,20 s.
8. *Mc* 10,22.
9. Cf. *Lc* 8, 49-56.
10. Cf. *Lc* 7,11-17.
11. *Ap* 21,6.
12. *Jn* 3,16.
13. *1 Jn* 4,8,16.
14. Cf. *2 Tes* 2,7.

15. *Jn* 14,9.
16. Cf. *Heb* 13,8.
17. Cf. *Jn* 1,26.
18. *Jn* 3,19; cf. 1,9.
19. *Jn* 1,5.
20. *Rom* 6,9.
21. *Lc* 2,34.
22. *Jn* 11,25.
23. *Jn* 3,16.
24. *1 Cor* 7, 31.
25. *Heb* 9,27.
26. *Ib.*
27. *Jn* 11,25 s.
28. *Lc* 2,52.
29. Cf. por ejemplo, *Sal* 104/103; 19/18; *Sab* 13,1-9; 7,15-20.
30. *Prov* 4,5 s.
31. Cf. *1 Cor* 9,24-27.
32. Conc. Ecum. Vat. II, Const. pastoral *Gaudium et spes*, sobre la Iglesia en el mundo actual, 24.

83

2

EL DESCUBRIMIENTO DE CRISTO

«¡Bendito el que viene en nombre del Señor, el Rey de Israel! ¡Hosanna en el cielo!»

Estas palabras se han proclamado precisamente hoy, el día en que la Iglesia celebra, cada año, este recuerdo: el Domingo de Ramos.

Estas palabras fueron pronunciadas con entusiasmo por los hombres que *habían ido a Jerusalén para la fiesta de Pascua*, como había ido también Jesús para celebrar su Pascua.

Según dice el texto litúrgico, estas palabras fueron proclamadas de modo particular por los jóvenes: «pueri hebraeorum». *La participación de los jóvenes* en el acontecimiento del Domingo de Ramos es ya una tradición. De ello da testimonio también la ciudad de Roma y, especialmente, esta plaza de San Pedro. Este testimonio ha sido particularmente significativo *en los dos últimos años*: el Año del Jubileo de la Redención y *el Año Internacional de la Juventud.*

Queridos jóvenes amigos: *Hoy estáis de nuevo aquí* para comenzar en Roma, en la plaza de San Pedro, *la tradición de la Jornada de la Juventud*, a cuya celebración ha sido invitada toda la Iglesia.

Doy cordialmente la bienvenida y saludo a todos los que habéis venido no sólo de Roma y de Italia, sino también de España, de Francia, de Suiza, de Yugoslavia, de Alemania, de Austria y de otros diversos países. Saludo a todos los aquí *presentes*. Y al mismo tiempo en vosotros saludo a todos *los que no están aquí*, pero que hoy –o en cualquier otro día del año, según las diversas circunstancias– manifiestan esta unidad que *es la Iglesia de Cristo en la comunidad de los jóvenes*. Por tanto, deseo saludar ahora a todos los que en todas partes –en cualquier país de los cinco continentes–

celebran *la Jornada de la Juventud*. El punto de referencia para esta Jornada sigue siendo, como cada año, el Domingo de Ramos.

Os agradezco *el hecho de haberos preparado* a este domingo, aquí en Roma, con espíritu de recogimiento y oración, meditando el misterio pascual de Cristo, vinculado a la cruz y a la resurrección. Este misterio *revela* del modo más profundo a Dios: *Dios que es Amor*: Dios que «tanto amó al mundo, que le dio su unigénito Hijo» (*Jn* 3,16). Al mismo tiempo este misterio permite al hombre *comprenderse totalmente a sí mismo: hombre*, en su dignidad y su vocación, como nos enseña el Concilio Vaticano II.

Hoy, por consiguiente, *todos nosotros miramos a Cristo* –este Cristo– que (según la predicción del Profeta), viene a Jerusalén montado sobre un pollino, según la costumbre del lugar. Los Apóstoles han puesto sus vestidos encima, para que Jesús pudiera estar sentado. Y cuando se encontraba cerca de la bajada del Monte de los Olivos, todo el grupo de los discípulos, exultante, comenzó a *alabar a Dios a voces*, por los prodigios que había visto (cf. *Lc* 19,37).

Efectivamente, en su tierra natal, Jesús había conseguido ya llegar con la Buena Nueva a mucha gente, a muchos hijos e hijas de Israel, a los ancianos y a los jóvenes, a las mujeres y a los niños. *Y enseñaba* actuando: haciendo el bien. Revelaba a Dios como Padre. Lo manifestaba con las obras y la palabra. Haciendo el bien a todos, de modo particular a los pobres y a los que sufren, preparaba en su corazones *el camino* para la aceptación de la Palabra, aun cuando esta Palabra resultase, en un primer momento, incomprensible, como lo fue, por ejemplo, el primer anuncio de la Eucaristía; e incluso cuando esta *Palabra* era *exigente*, por ejemplo, sobre la indisolubilidad del matrimonio. Tal era y tal permanece.

...

Así pues, hoy *contemplamos a Jesús de Nazaret*, que viene a Jerusalén; su llegada está acompañada con el entusiasmo de los peregrinos. «¡Hosanna al Hijo de David!» (*Mt* 21,9).

Sabemos, sin embargo, que el *entusiasmo será sofocado* dentro de poco. Ya entonces «algunos fariseos de entre la gente le dijeron: Maestro, reprende a tus discípulos» (*Lc* 19,39).

Qué expresiva es la respuesta de Jesús: «Os digo que, si éstos *callan, gritarán las piedras*» (*Lc* 19,40).

Contemplamos, por lo tanto, «al que viene en nombre del Señor» (*Mt* 21,9) *en la perspectiva de la Semana Santa*. «Mirad, subimos a Jerusalén y... el Hijo del Hombre será entregado a los gentiles, y escarnecido, e insultado, y escupido, y después de haberle azotado, le quitarán la vida...» (*Lc* 18,31-33).

Así pues, se acallarán los gritos de la muchedumbre del Domingo de Ramos. El mismo *Hijo del Hombre* se verá *obligado al silencio de la muerte*. Y la víspera del sábado, lo bajarán de la cruz, lo depositarán en un sepulcro, pondrán una piedra a la entrada del mismo y sellarán la piedra.

Sin embargo, tres días más tarde *esta piedra será removida*. Y las mujeres que irán a la tumba, la encontrarán vacía. Igualmente los Apóstoles. Así pues, esa «piedra removida» *gritará*, cuando todos callen. Gritará. Proclamará el misterio pascual de Jesucristo. Y de ella *recogerán este misterio las mujeres y los Apóstoles*, que lo llevarán con sus labios por las calles de Jerusalén, y más adelante por los caminos del mundo de entonces. Y así, a través de las generaciones, «gritarán las piedras».

¿Qué es el misterio pascual de Jesucristo? Son los acontecimientos de estos días, particularmente de los últimos días de la Semana Santa. Estos acontecimientos tienen su *dimensión humana*, como dan testimonio de ello las narraciones de la pasión del Señor en los Evangelios. Mediante estos acontecimientos el misterio pascual *se sitúa en la historia del hombre*, en la historia de la humanidad.

Sin embargo, tales acontecimientos tienen, a la vez, su *dimensión divina*, y precisamente en ella se manifiesta el misterio.

Escribe concisamente San Pablo: «Cristo, *a pesar de su condición divina*, no hizo alarde de su categoría de Dios; al contrario, *se despojó de su rango*, y tomó la condición de esclavo, pasando por uno de tantos» (*Flp* 2,6-7).

Esta dimensión del misterio divino *se llama Encarnación*. El Hijo de la misma sustancia del Padre se hace hombre y, como tal, se hace siervo de Dios: Siervo de Yahvé, como dice el libro de Isaías. Mediante este servicio del Hijo del hombre, *la economía divina de la salvación* llega a su ápice, a su plenitud.

Continúa hablando San Pablo en la liturgia de hoy: «Actuando como un hombre cualquiera, se rebajó hasta *someterse incluso a la muerte, y una muerte de cruz*» (*Flp* 2,7-8).

Esta dimensión del misterio divino *se llama redención*. La obediencia del Hijo del hombre, la obediencia hasta la muerte de cruz compensa con creces la *desobediencia* hacia el Creador y Padre *contenida en el pecado del hombre* desde el principio.

Así pues, el misterio pascual es la única *realidad divina de la Encarnación y de la redención, introducida en la historia de la humanidad*. Introducida en el corazón y en la conciencia de cada uno de nosotros. Cada uno de nosotros está presente en este misterio mediante la *herencia del pecado*, que de generación en generación conduce a la muerte. Cada uno de nosotros encuentra en ella *la fuerza para la victoria sobre el pecado*.

El misterio pascual de Jesucristo no *se agota en el despojo de Cristo*. No lo cierra la gran piedra puesta a la entrada del sepulcro tras la muerte en el Gólgota.

Al tercer día esta *piedra será removida por la potencia divina y comenzará a «gritar»*: comenzará a hablar acerca de lo que San Pablo expresa con estas palabras de la liturgia de hoy:

«Por eso Dios lo levantó sobre todo, y le concedió el "Nombre-sobre-todo-nombre"; de modo que al nombre de Jesús toda rodilla se doble –en el cielo, en la tierra, en el abismo–, y toda lengua proclame: *"¡Jesucristo es Señor!", para gloria de Dios Padre*» (*Flp* 2,10-11).

Redención significa también exaltación.

La exaltación, es decir, la resurrección de Cristo abre una *perspectiva absolutamente nueva en la historia del hombre*, en la existencia humana, sometida a la muerte a causa de la herencia del pecado. Por encima de la muerte está la perspectiva de la vida. *La muerte forma parte de la dimensión del mundo visible; la vida está en Dios.*

El Dios de la vida nos habla con la cruz y con la resurrección de su Hijo.

Ésta es la última palabra de su Revelación. La *última palabra del Evangelio.* Justamente esta palabra está contenida en el misterio pascual de Jesucristo.

Mediante la cruz y la resurrección, mediante el misterio pascual, Cristo dirige a cada uno de nosotros la llamada: «Sígueme.»

La dirigió al joven del Evangelio en el camino de su peregrinación mesiánica, pero entonces la verdad sobre Él (sobre Cristo) no había sido aún revelada en su plenitud.

Ha de revelarse en su totalidad estos días. Ha de ser completada con su pasión, muerte y resurrección. Ha de convertirse en respuesta a los interrogantes más fundamentales del hombre. Ha de *convertirse en desafío de la inmortalidad.*

Precisamente en estos días, vosotros jóvenes habéis venido junto a los sepulcros de los Apóstoles. Aquí, donde Pedro y Pablo hace casi dos mil años dieron testimonio de Cristo, quien mediante la cruz ha venido a ser «el Señor, para gloria de Dios Padre».

...

Realmente *no quedaron decepcionados* los que durante la entrada de Jesús en Jerusalén gritaban: «¡Hosanna al Hijo de David! ¡Bendito el que viene en nombre del Señor!»

Tampoco quedaron decepcionados los jóvenes: «pueri hebraeorum».

El viernes por la noche todo parecía testimoniar la victoria del pecado y de la muerte.

Sin embargo, *a los tres días*, ha hablado de nuevo la «piedra removida» («gritarán las piedras»).

Y no quedaron decepcionados. Todas *las expectaciones del hombre*, cargado con la herencia del pecado, han sido *completamente superadas*.

Dux vitae mortuus regnat vivus.

No quedaron decepcionados.

Y por esto celebramos en este día la Jornada de la Juventud.

En efecto, este día está *vinculado a la esperanza que no decepciona* (cf. *Rom* 5,5). Las generaciones que siempre se renuevan necesitan esta esperanza. La necesitan cada vez más.

No quedaron decepcionados los que gritaron: «¡Bendito el que viene en nombre del Señor!» Sí. Llega. Entró en la historia del hombre. *En Jesucristo Dios entró definitivamente en la historia del hombre*. Vosotros jóvenes, debéis encontrarlo los primeros. Debéis encontrarlo constantemente.

«La Jornada de la Juventud» significa precisamente esto: salir al encuentro de Dios, que entró en la historia del hombre mediante el misterio pascual de Jesucristo. Entró en ella de manera irreversible.

Y quiere encontraros antes a vosotros, jóvenes. Y a cada uno quiere decir: «Sígueme.»

Sígueme. Yo soy el camino, la verdad y la vida. Amén.

Homilía, plaza de San Pedro, Roma 23/3/1986

❖ ❖ ❖

I. El Camino

Queridos jóvenes: os saludo en el nombre de nuestro Señor *Jesucristo*: «el *Camino*, la *Verdad* y la *Vida*».

...

El camino. Ésta es la palabra que mejor expresa la característica de este *encuentro mundial de la juventud*.

Os habéis puesto en marcha desde todos los países de Europa, desde todos los continentes. Algunos habéis venido a pie, como los antiguos peregrinos; otros en bicicleta, en barco, en autobús, en avión... Habéis venido para redescubrir aquí, en Santiago, las raíces de nuestra fe, para comprometeros, con corazón generoso, en la «nueva evangelización», en el umbral ya del tercer milenio.

Durante siglos, innumerables peregrinos nos han precedido en el camino de Santiago. Al comienzo del primer cuadro de esta representación escénica hemos visto a los peregrinos con los símbolos característicos y tradicionales de la «ruta jacobea»: el sombrero, el bastón, la concha y la calabaza. Cuando volváis a vuestros países –en vuestras casas y ambientes de estudio– estos símbolos os harán recordar el encuentro de esta noche y sobre todo su significado.

Para nosotros, igual que para los peregrinos que nos han precedido en épocas pasadas, *este camino expresa un profundo espíritu de conversión.* Un deseo de volver a Dios. Un camino de purificación y de penitencia, de renovación y de reconciliación.

Por esto, para todos nosotros, como para los peregrinos que nos han precedido, es muy importante terminarlo con un encuentro con el Señor, a través de los sacramentos de la Penitencia y de la Eucaristía. Sé que muchos de vosotros los habéis recibido a lo largo de estos días. «La purificación del corazón y la conversión al Padre del cielo son –como han escrito en su Carta pastoral los obispos de las diócesis de la ruta jacobea– inspiración y motivo fundamentales del Camino de Santiago» (n. 57).

Vamos a reflexionar sobre el significado de la palabra *«camino»*, para que esta conversión del corazón y el encuentro con el Señor, que estamos viviendo, den sentido a nuestra vida.

La palabra *«camino»* está muy relacionada con la idea de *«búsqueda»*. Este aspecto ha sido resaltado en la representación que estamos viendo.

¿Qué buscáis, peregrinos?, ha preguntado la Encrucijada

de los caminos. Esta encrucijada representa la pregunta que el hombre se hace sobre el sentido de la vida, sobre la meta que quiere alcanzar, sobre la razón de su comportamiento.

Hemos visto representadas, de forma muy expresiva, algunas de las cosas que frecuentemente muchos hombres se ponen como meta de su vida y de su acción: *el dinero, el éxito, el egoísmo, el bienestar.* Pero los jóvenes peregrinos del escenario han visto que a la larga esto no satisface al hombre. Estas cosas no pueden llenar el corazón humano.

¿Qué buscáis, peregrinos? Esta pregunta nos la tenemos que hacer todos aquí. Sobre todo vosotros, queridos jóvenes, que tenéis ahora la vida por delante. Os invito a decidir de forma definitiva la dirección de vuestro camino.

Con las mismas palabras de Cristo os pregunto: *«¿Qué buscáis?»* (*Jn* 1,38). *¿Buscáis a Dios?*

La tradición espiritual del cristianismo no sólo subraya la importancia de nuestra búsqueda de Dios. Resalta algo todavía más importante: *es Dios quien nos busca.* Él nos sale al encuentro.

Nuestro camino de Compostela significa querer dar una respuesta a nuestras necesidades, a nuestros interrogantes, a nuestra «búsqueda» y también salir al encuentro de Dios que nos busca con un amor tan grande que difícilmente logramos entender.

Este encuentro con Dios se realiza en Jesucristo. Es en Él, que ha dado la vida por nosotros, en su humanidad, donde experimentamos el amor que Dios nos tiene. «Porque tanto amó Dios al mundo que dio a su Hijo único, para que todo el que crea en él no perezca, sino que tenga vida eterna» (*Jn* 3,16).

Y al igual que Jesús llamó a Santiago y a los otros Apóstoles también nos llama a cada uno de nosotros. Cada uno de nosotros, aquí, en Santiago, tiene que entender y creer: *«Dios me llama, Dios me envía.»* Desde la eternidad Dios ha pensado en nosotros y nos ha amado como personas únicas e irrepetibles. Él nos llama y su llamada se realiza a través de la persona de Jesucristo que nos dice, como ha dicho a los Apóstoles: *«Ven y sígueme.» ¡Él es el Camino que nos conduce al Padre!*

Pero hay que reconocer que nosotros no tenemos ni la fuerza, ni la constancia, ni la pureza de corazón suficiente para seguir a Dios con toda nuestra vida y con todo nuestro corazón. Pidámosle a María, Ella que ha sido la primera en seguir el camino de su Hijo, que interceda por nosotros.

Jesús desea acompañarnos, como acompañó a los discípulos en el camino de Emaús. Él nos indica la dirección del camino a seguir. Él nos da la fuerza. Al volver a casa, al igual que los discípulos del relato evangélico, podremos decir que nuestro corazón ardía cuando nos hablaba en el camino y que le hemos reconocido al partir el pan (cf. *Lc* 24,22-25). Será el momento de presentarnos a nuestros hermanos, sobre todo a los demás jóvenes, como testigos. ¡Sí! ¡Testigos del amor de Dios y de su esperanza de salvación!

II. La Verdad

Diversas respuestas

«Buscamos la verdad.» Estas palabras de la última canción tienen que resonar en nuestros corazones. Es el sentido más profundo del camino de Santiago: *buscar la verdad y proclamarla.*

¿Dónde está la verdad? «¿Qué es la verdad?» (*Jn* 18,38). Antes que vosotros y vosotras hubo un hombre que hizo esta misma pregunta a Jesús.

En la representación hemos visto *tres de las respuestas* que el mundo da a estas preguntas. La *primera, es poner todo nuestro anhelo en la satisfacción plena e inmediata de los sentidos*, una búsqueda continua de los placeres de la vida. Ante esto, los peregrinos han contestado: «nos hemos divertido, pero... continuamos vacíos».

Tampoco la *segunda respuesta*, la de *los violentos* que *ponen todo su interés en el poder y en el dominio sobre los demás*, ha sido válida para nuestros peregrinos del segundo cuadro. Esta respuesta no sólo conduce a la destrucción de la dignidad del otro –hermano o hermana– sino también a la propia destrucción. Algunas experiencias de este siglo, y también de nuestros días, nos muestran claramente cómo acaban los que ponen su meta en el poder y el dominio.

La *tercera respuesta*, representada por los *drogadictos, busca la liberación y autorrealización mediante la evasión de la realidad.* Es la triste experiencia de tantas personas, entre los cuales se hallan muchos coetáneos vuestros, que siguen este camino u otros similares, y que en lugar de llevarlos a la libertad, los hace esclavos hasta conducirlos a la *autodestrucción.*

Estoy seguro de que a vosotros, como a casi todos los jóvenes de hoy, os preocupa la *contaminación del aire y de los mares*, es decir, la problemática de la *ecología*. Os indigna el mal uso de los recursos de la tierra y la creciente *destrucción del medio ambiente*. Y tenéis razón. Hay que actuar, de forma coordinada y responsable, para cambiar esta situación antes de que nuestro planeta sufra daños irreversibles.

Pero, queridos jóvenes, también hay una *contaminación de las ideas y de las costumbres* que puede conducir a la *destrucción del hombre. Esta contaminación es el pecado*, de donde nace la mentira.

La verdad y la mentira. Tenemos que reconocer que muchas veces la mentira se nos presenta como verdad. Por eso es necesario discernir para reconocer la verdad, la Palabra que viene de Dios, y rechazar las tentaciones que vienen del «padre de la mentira». Me refiero al pecado, que es la negación de Dios, el rechazo de la luz. Como dice el Evangelio de Juan: *«la luz verdadera»* estaba en el mundo «y el mundo fue hecho por ella, y el mundo no la conoció» (*Jn* 1,9-10).

La mentira, raíz del pecado

«En la raíz del pecado humano está la mentira como radical rechazo de la verdad contenida en el Verbo del Padre, mediante el cual se expresa la amorosa omnipotencia del Creador: la omnipotencia y a la vez el amor de Dios Padre, creador de cielo y tierra» (*Dominum et Vivificantem*, 33).

«La verdad contenida en el Verbo del Padre.» Esto es lo que queremos decir cuando reconocemos a Jesucristo como la Verdad. *«¿Qué es la verdad?»*, le preguntaba Pilato. La tragedia de Pilato era que la Verdad estaba frente a él, en la persona de Jesucristo, y no era capaz de reconocerla.

Queridos jóvenes: Esta tragedia no debe darse en nuestra vida. Cristo es el centro de la fe cristiana; una fe que la Iglesia proclama hoy, como ha hecho siempre, a todos los hombres y mujeres: Dios se hizo hombre. «Y la Palabra se hizo carne, y puso su morada entre nosotros» (*Jn* 1,14). Los ojos de la fe ven en Jesucristo lo que el hombre puede ser y como Dios quiere que sea. Al mismo tiempo Jesús nos revela el amor del Padre.

Cristo, la única verdad

Como he escrito en el Mensaje para esta Jornada Mundial de la Juventud, *la verdad es la exigencia más profunda del espíritu humano.* Sobre todo vosotros y vosotras debéis tener sed de la verdad sobre Dios, sobre el hombre, sobre la vida y el mundo.

Pero *la Verdad es Jesucristo.* ¡Amad la Verdad! ¡Vivid en la Verdad! Llevad la Verdad al mundo. *¡Sed testigos de la Verdad!* Jesús es la Verdad que salva; es la Verdad completa a la que nos guiará el Espíritu de la Verdad (cf. *Jn* 16,13).

Queridos jóvenes: *Busquemos la verdad sobre Cristo, sobre su Iglesia.* Pero seamos coherentes; amemos la verdad, vivamos en la verdad, proclamemos la verdad. ¡Oh Cristo, *enséñanos la Verdad*! ¡Sé Tú, para nosotros, *la única Verdad*!

III. La Vida

Caminantes unidos para amar

Por último, queridísimos jóvenes, Cristo es *la Vida*. Estoy seguro de que cada uno de vosotros ama la vida, no la muerte. Deseáis vivir la vida en plenitud, animados por la esperanza, que nace de un proyecto de amplias perspectivas. Es justo que tengáis sed de vida, de vida plena. Sois jóvenes precisamente por esto. Pero *¿en qué consiste la vida?* ¿Cuál es *el sentido de la vida* y cuál es el modo mejor para actuarlo? Hace poco habéis cantado con entusiasmo: «*Somos peregrinos de la vida, caminantes unidos para amar.*» ¿No está aquí la base para la respuesta que buscáis?

La fe cristiana establece *un vínculo profundo entre amor y vida*. En el Evangelio de Juan leemos: «Tanto amó Dios al mundo que dio a su Hijo único, para que todo el que crea en él no perezca, sino que tenga vida eterna» (*Jn* 3,16). El amor de Dios nos lleva a la vida, y este *amor* y esta *vida* se hacen realidad en *Jesucristo*. Él es el amor encarnado del Padre; en Él «se manifestó la bondad de Dios nuestro Salvador y su amor a los hombres» (*Tt* 3,4).

Cristo, queridísimos jóvenes, es, pues, el único *interlocutor competente* al que se pueden plantear las preguntas esenciales sobre el valor y sobre el sentido de la vida: no sólo de la vida sana y feliz, sino también de la *vida cargada con el sufrimiento*, cuando esté marcada por alguna invalidez física o por situaciones de malestar familiar y social. Sí, Cristo es el único interlocutor competente, también para las *preguntas dramáticas*, que se pueden formular más con gemidos que con palabras. ¡Preguntadle, escuchadle!

El sentido de la vida, os dirá Él, *está en el amor*. Sólo quien sabe amar hasta olvidarse de sí mismo para darse al hermano realiza plenamente la propia vida y expresa en el grado máximo el valor de la propia existencia terrena. Es *la paradoja evangélica* de la vida que se rescata perdiéndose (cf. *Jn* 12,25), una paradoja que halla su luz plena en el misterio de Cristo muerto y resucitado por nosotros.

Dimensión del dolor

Queridos jóvenes, *en la dimensión del don se presenta la perspectiva madura de una vocación humana y cristiana.* Esto es importante sobre todo para la *vocación religiosa*, en la que un hombre o una mujer, mediante la profesión de los consejos evangélicos, hace suyo el programa que Cristo mismo realizó sobre la tierra *para el Reino de Dios.* Ellos se comprometen a dar un testimonio particular del amor de Dios por encima de todo, y recuerdan a cada uno la llamada común a la unión con Dios en la eternidad.

El mundo actual *necesita como nunca estos testimonios*, porque muy a menudo está tan ocupado en las cosas de la tierra que olvida las del cielo.

Quiero recordar aquí de modo particular a las *400 jóvenes religiosas de vida contemplativa* de España, que me han manifestado sus deseos de estar presentes en este *encuentro.* Sé ciertamente que están muy unidas a todos nosotros a través de la oración en el silencio del claustro. Hace siete años, muchas de ellas asistieron al encuentro que tuve con los jóvenes en el estadio Santiago Bernabeu de Madrid. Después, respondiendo generosamente a la llamada de Cristo, le han seguido de por vida. Ahora se dedican a rezar por la Iglesia, pero sobre todo por vosotros y vosotras, jóvenes, para que sepáis responder también con generosidad a la llamada de Jesús.

Con profundo gozo me es grato presentaros también, como modelo de seguimiento a Cristo, la encomiable figura del Siervo de Dios Rafael Arnáiz Barón, muerto como oblato trapense a los 27 años de edad en la abadía de San Isidro de Dueñas (Palencia). De él se ha dicho justamente que vivió y murió «con un corazón alegre y con mucho amor a Dios». Fue un joven, como muchos de vosotros y de vosotras, que acogió la llamada de Cristo y le siguió con decisión.

Vigilia, Santiago de Compostela 19/8/1989, párr. 1.1-3.2

❖ ❖ ❖

A. Yo soy (la Palabra)

«Yo soy»: éste es el nombre de Dios. Así respondió una Voz a Moisés desde la zarza ardiente, cuando preguntaba cuál era el nombre de Dios. «Yo soy el que soy» (*Ex* 3,14): con este nombre el Señor envió a Moisés a Israel, esclavo de Egipto, y al faraón-opresor: *«Yo-Soy* me ha enviado a vosotros» (*Ex* 3,14). Con *este nombre Dios sacó a su pueblo elegido de la esclavitud*, para sellar una alianza con Israel.

«Yo, el Señor, soy tu Dios, que te ha sacado del país de Egipto, de la casa de servidumbre. No habrá para ti otros dioses delante de mí» (*Ex* 20,2-3).

«Yo-Soy», este nombre es el fundamento de la antigua Alianza.

Ese nombre constituye también el fundamento de la nueva Alianza. Jesucristo dice a los judíos: «Yo y el Padre somos uno» (*Jn* 10,30). «Antes de que Abraham existiera, Yo Soy» (*Jn* 8,58). *«Cuando hayáis levantado al Hijo del hombre, entonces sabréis que Yo Soy»* (*Jn* 8,28).

En medio de nosotros, que velamos, se ha detenido la cruz. Habéis traído aquí esta cruz y la habéis levantado en medio de nuestra asamblea. En esta cruz se ha manifestado *«hasta el extremo»* (cf. *Jn* 13,1) el «Yo-Soy» divino de la Alianza nueva y eterna. «Tanto amó Dios al mundo que dio a su Hijo único, para que [el hombre] no perezca, sino que tenga la vida eterna» (*Jn* 3,16).

La cruz es el signo del amor inefable, *el signo que revela que «Dios es amor»* (cf. *1 Jn* 4,8).

Mientras se acercaba la noche, antes del sábado de Pascua, Jesús fue retirado de la cruz y depositado en el sepulcro. El tercer día se presentó resucitado en medio de sus discípulos, que estaban «sobresaltados y asustados», diciéndoles: *«La paz con vosotros (...); soy yo mismo»* (cf. *Lc* 24,36-37,39): *el «Yo-Soy» divino* de la Alianza, del Misterio pascual y de la Eucaristía.

El hombre ha sido creado a imagen y semejanza de Dios para poder existir y decir a su Creador «yo soy». *En este «yo soy» humano se contiene toda la verdad de la existencia y de la conciencia.* «Yo soy» ante ti, que «Eres».

Cuando Dios pregunta al primer hombre: «¿Dónde estás?», Adán responde: «Me escondí de ti» (cf. *Gn* 3,9-10), tratando de no estar delante de Dios. ¡No puedes esconderte, Adán! No puedes no estar delante de quien te ha creado, de quien ha hecho que «tú seas», delante de quien «escruta los corazones y conoce» (cf. *Rm* 8,27).

Habéis llegado a Jasna Góra, queridos amigos, donde desde hace muchos años se canta el himno *«Estoy junto a ti»*.

El mundo que os rodea, la civilización moderna, ha influido mucho para quitar ese «Yo Soy» divino de la conciencia del hombre. *Tiende a vivir como si Dios no existiera.* Éste es su programa.

Pero, si Dios no existe, tú, hombre, ¿podrás existir de verdad?

Habéis venido aquí, queridos amigos, *para recuperar y confirmar profundamente esta identidad humana: «yo soy»*, delante del «Yo Soy» de Dios. Mirad la cruz en la que el «Yo-Soy» significa «Amor». ¡Mirad la cruz y no os olvidéis! Que el *«estoy junto a ti»* siga siendo la palabra clave de toda vuestra vida.

B. Me acuerdo

Me acuerdo. Estoy junto a ti; me acuerdo de ti. Junto a la cruz de Cristo, el primer símbolo de nuestra vigilia, ha sido colocada *la Biblia, la Sagrada Escritura*, el Libro.

No os olvidéis de las maravillas de Dios (cf. *Sal* 78,7). Cuidad de no olvidaros del Señor (*Dt* 6,12).

No os olvidéis de la creación; no os olvidéis de la Redención: la Cruz, la Resurrección, la Eucaristía y Pentecostés. Todas estas cosas son manifestación del «Yo-Soy» divino. Dios obra y habla al hombre: se revela al hombre hasta el misterio íntimo de su vida. «Muchas veces y de muchos modos habló Dios (...) a nuestros padres por medio de los profetas; en estos últimos tiempos nos ha hablado por medio del Hijo» (*Hb* 1,1-2).

La Sagrada Escritura, la Biblia, *es el libro de las obras de Dios y de las palabras del Dios vivo.* Es un texto humano, pero escrito bajo la inspiración del Espíritu Santo. El Espíritu mismo es, por tanto, el primer autor de la Escritura.

Estoy junto a ti. Me acuerdo de ti. El hombre está delante de Dios, permanece en su presencia mediante la acción de *recordar*. De tal modo, conserva las palabras y las maravillas de Dios, meditándolas en su corazón *como María de Nazaret.* Antes de que los autores inspirados anotaran la verdad de la vida eterna revelada en Jesucristo, tal verdad ya había sido anotada y acogida por el corazón de su Madre (cf. *Lc* 2,51). María hizo esto de la manera más profunda, convirtiéndose ella misma en un «texto viviente» de los misterios divinos.

Las palabras *«estoy junto a ti, me acuerdo de ti»* se refieren de modo particular a María, mucho más que a los discípulos del divino Maestro.

Hemos venido aquí, queridos amigos, *para participar en el recuerdo mariano de las maravillas de Dios.* Para participar en el recuerdo de la Iglesia, que vive en escucha religiosa de las Escrituras inspiradas. Acerquémonos a la *Sagrada Escritura*, fuente de inspiración para nosotros mismos, a fin de que *sea fuente de nuestra vida interior.* Descubramos en ella, de un modo siempre nuevo y cada vez más pleno, el misterio maravilloso e inescrutable del «Yo-Soy» divino.

Descubramos también *el misterio de nuestro «yo soy» humano.* En efecto, también el hombre es un misterio. El Concilio Vaticano II recordó que «el misterio del hombre sólo se esclarece en el misterio del Verbo encarnado» (*Gaudium et spes*, 22).

Quien no conoce la Sagrada Escritura, no conoce a Cristo (cf. San Jerónimo, *Comm. in Is. Prol.*: *PL* 24,17).

Cuando mañana nos marchemos de aquí, hagamos todo lo posible por conocer cada vez más profundamente a Cristo. Esforcémonos *por permanecer en contacto íntimo con el Evangelio*, con la palabra del Dios vivo, con la Sagrada Escritura, a fin de conocernos mejor a nosotros mismos y comprender cuál es nuestra vocación en Cristo, el Verbo encarnado.

C. Velo

El icono de la Madre de Dios. «Theotokos.»

Al lado de la cruz y la Biblia hay un icono: el tercer símbolo de nuestro encuentro de oración.

A este símbolo corresponde *la palabra «velo»*: yo soy, me acuerdo, velo. Las tres palabras del llamamiento de Jasna Góra, que desde aquí, durante las grandes luchas espirituales, llegaba a toda la tierra habitada por los polacos. Yo soy, me acuerdo, velo. Las tres palabras-guía que nos han ayudado. Palabras del lenguaje, pero también palabras de gracia, expresión del espíritu humano y del soplo del Espíritu Santo.

Aquí, en Jasna Góra, la palabra *«velo» tiene un contenido mariano*, que corresponde al significado del icono de la Madre de Dios. «Velo», expresa la actitud de la *Madre.* Su vida y vocación se expresan en la acción de velar. Vela sobre el hombre desde los primeros instantes de su existencia. Esa vela está acompañada por la tristeza y la alegría. «La mujer, cuando va a dar a luz, está triste, porque le ha llegado su hora: pero cuando ha dado a luz al niño, ya no se acuerda del aprieto por el gozo de que ha nacido un hombre en el mundo» (*Jn* 16,21). Son palabras de Cristo mismo.

¡*La vela materna de María*, una experiencia inescrutable, un mensaje inscrito de forma misteriosa en un corazón femenino, que vivió exclusivamente de Dios! En verdad, «maravillas ha hecho en su favor el Poderoso, Santo es su nombre» (cf. *Lc* 1,49).

Permanecen en nuestra conciencia al menos estos dos momentos: la noche de Belén y la «noche del Espíritu» bajo la cruz del Hijo en el Gólgota. Y también otro momento: el Cenáculo de Jerusalén, el día de Pentecostés, cuando nació la Iglesia, cuando la Iglesia entró en el mundo, como un niño que deja el seno de la madre.

La Iglesia ha continuado este cuidado materno de María, que se ha expresado en tantos santuarios sobre toda la tierra. Cada día vive para el don de este cuidado maternal. Aquí, en esta tierra, en este país en el que nos encontramos, las generaciones viven con la conciencia de que la Madre «vela». Desde aquí, desde Jasna Góra, ella cuida a todo el pueblo, a todos. Especialmente en los momentos difíciles, en las pruebas y peligros.

«Velar»: esta palabra tiene su etimología rigurosamente evangélica. *Cuántas veces Cristo ha dicho: «Velad»* (cf., por ejemplo, *Mt* 24,42; 25,13; 26,38.41; *Mc* 13,33.35.37; 14,34; 21,36). «Velad, y orad para que no caigáis en tentación» (*Mc* 14,38). Entre todos los discípulos de Cristo, María es la primera «que vela». Es preciso que de ella aprendamos a velar, que velemos con ella: «Estoy cercano a ti, me acuerdo de ti, velo.»

«¿Qué quiere decir "velo"?» Quiere decir: me esfuerzo para ser un hombre de conciencia. No apago esta conciencia y no la deformo; llamo por su nombre al bien y al mal, no los confundo; hago crecer en mí el bien y trato de corregirme del mal, superándolo en mí mismo. Éste es el problema fundamental, que nunca se podrá disminuir, ni trasladar a un plano secundario. ¡No!, siempre y en todo lugar, se trata de un problema de primer plano. Tanto más importante, cuanto más numerosas son las circunstancias que parecen favorecer nuestra tolerancia del mal, y el hecho de que fá-

cilmente nos absolvemos de él, particularmente si así hacen los demás... *«Velo» quiere decir, además, veo a los otros...* Velo quiere decir: amor al prójimo; quiere decir: fundamental solidaridad «interhumana».

Aquí ya he pronunciado una vez estas palabras, en Jasna Góra, durante el encuentro con los jóvenes, en 1983, año particularmente difícil para Polonia.

Hoy las repito: «¡Estoy cercano a ti, me acuerdo de ti, velo!»

Vigilia, Czestochowa 14/8/1991

❖ ❖ ❖

Queridos jóvenes, hemos comenzado esta vigilia con la entrada de la cruz: la cruz de la Jornada de la Juventud, y de toda jornada. Esta cruz ha entrado de nuevo entre nosotros, cargada a hombros por jóvenes.

La cruz y la vigilia. La cruz entró definitivamente en la vida mesiánica de Jesucristo durante una vigilia; sí, una vigilia de oración. Esta cruz entró en el huerto de Getsemaní, aunque, en sentido estricto, entró a poca distancia en la realidad definitiva de la crucifixión. Durante la vigilia: muchas veces Jesús velaba, pasaba las noches en oración.

Pero esta es la última noche, la vigilia definitiva. Jesús había anunciado la cruz. Estaba preparado desde hacía mucho tiempo; había venido para esta «hora», se preparaba para beber el cáliz hasta el fondo: «La copa que me ha dado el Padre, ¿no la voy a beber?» (*Jn* 18,11).

Todo estaba listo, pero hacía falta aquella «hora» de Getsemaní, aquella vigilia, aquella oración solitaria del Señor. Hacía falta una última y definitiva confrontación entre el Hijo y el Padre: «Nadie conoce bien al Hijo sino el Padre, ni al Padre le conoce bien nadie sino el Hijo, y aquel a quien el Hijo se lo quiera revelar» (*Mt* 11,27; cf. *Lc* 10,21-22).

Se trata, por tanto, de la confrontación definitiva entre el Padre y el Hijo, el Hijo unigénito, el Hijo consustancial, Dios de Dios, engendrado, no creado.

Esta vigilia de confrontación definitiva era necesaria para mostrar en la dimensión humana que el Hijo conoce al Padre, que quiere revelar al Padre mediante la cruz.

La vigilia de Cristo en Getsemaní: su último «sí», definitivo e incondicional. Y, luego, la cruz se acerca en su realidad dramática, brutal, cruel; se acerca rápidamente. Dentro de poco Jesús estará delante del sanedrín; pasará la noche en oración, y por la mañana de nuevo ante el sanedrín, y después ante el tribunal romano, ante Pilato, ante Herodes; y más tarde ante la gente, que pide de forma categórica: «¡Fuera, fuera! ¡Crucifícale!» (*Jn* 19,15). Y el juez cede.

Desde ese momento, Cristo azotado, coronado de espinas, encuentra, abraza esta cruz como una realidad concreta, la cruz de un condenado a muerte, la muerte más humillante; luego es crucificado, y durante las horas de su agonía llega a decir: «Consummatum est» (*Jn* 19,30) y a ofrecerse, a darse a sí mismo al Padre de una forma plena y definitiva.

Habéis introducido esta celebración de la VII Jornada Mundial de la Juventud con la vigilia, como en todas las jornadas anteriores: la última en Czestochowa; antes, en Santiago de Compostela; y antes aún en Buenos Aires; y en todos los lugares donde se celebra esta vigilia, en las diócesis, en las parroquias, en las comunidades.

Habéis introducido bien esta vigilia de la celebración del próximo Domingo de Ramos en Roma, porque, cuando Cristo vivió su vigilia en Getsemaní, estaba con él la Iglesia: ya estaba anticipada esta Iglesia que debía nacer de la cruz; debía revelarse el día de Pentecostés, pero ya estaba anticipada sacramentalmente en el cenáculo, y los Apóstoles que Jesús llevó consigo a Getsemaní habían vivido ya la Eucaristía, la primera Eucaristía, celebrada por él mismo. La Eucaristía que hace la Iglesia.

Entonces se hallaba presente la Iglesia en la vigilia de Jesús; estaba invitada a tomar parte en esa vigilia definitiva. Todos los Doce, once sin el traidor, fueron llevados al Huerto de Getsemaní, y tres de ellos, que estaban más cerca, recibieron una palabra de aliento: «Velad y orad, para que no caigáis en tentación» (*Mt* 26,41).

En cierto sentido, en aquella vigilia de la Iglesia primitiva, anticipada en la Eucaristía celebrada en el cenáculo, fallaron los Apóstoles, pues los tres privilegiados no velaron con él. El cansancio, la conmoción de la jornada, fue más fuerte que ellos. Jesús los encontró durmiendo en el sitio donde los había dejado, y entonces los animó de nuevo. «Velad y orad, para que no caigáis en tentación» (*Mt* 26,41).

Es muy significativa la situación: significativa, porque los Apóstoles y la Iglesia no realizaron la vigilia, y abandonaron a su Maestro, a Cristo, en el momento decisivo de nuestra redención.

Habéis hecho bien al introducir en vuestra celebración de la Jornada Mundial de la Juventud una vigilia. Hace falta suplir aquella vigilia que no realizaron los Apóstoles. La Iglesia debe hacer la vigilia y orar; ha aprendido, a través de esa experiencia de Getsemaní, que debe estar siempre velando, que debe estar siempre dispuesta a participar en el misterio de Cristo, misterio de nuestra redención.

Después de su experiencia, más bien negativa, con la Iglesia y con los Apóstoles, Cristo no los abandona; no los aleja, a pesar de sus fallos posteriores: los Apóstoles huyeron, Pedro negó al Maestro, para no hablar de Judas. A pesar de todo ello, Cristo no los alejó, no los humilló. Después de su resurrección, se acercó enseguida a ellos y confirmó su misión: «Como el Padre me envió, también yo os envío» (*Jn* 20,21).

Después de esa primera palabra del Resucitado, viene la última palabra del Resucitado que, poco antes de su Ascensión, dice: «Id, pues, y haced discípulos a todas las gentes» (*Mt* 28,19). Entonces confirmó a todos los Apóstoles, y confirmó a Pedro. Así, la vigilia que no hicieron los Apóstoles, ha de suplirse con una vigilia continuada. La Iglesia, que ha recibido la misión de dar testimonio –«Seréis mis testigos»–

no puede dejar de hacer esta vigilia, no puede renunciar a su vocación de Iglesia.

La Iglesia somos todos nosotros. Los Doce no sólo representan a sus sucesores –el «munus episcopale»–; representan también a todo Israel, a toda la comunidad de la Iglesia, a todo el pueblo de Dios; representan no sólo esta misión específica, esta vocación al sacerdocio, este ministerio episcopal, sino también todas las vocaciones cristianas.

Y si Jesús –y la Iglesia– os dice a vosotros: «Id, pues, y haced discípulos a todas las gentes» (*Mt* 28,19), quiere decir que debéis estar en una vigilia permanente y escuchar su palabra. ¿A dónde tengo que ir, Señor? ¿Cuál es mi camino? ¿Qué quieres de mí? «Heme aquí, heme aquí», habéis cantado muchas veces.

Vigilia, aula Pablo VI, Roma 9/4/1992

❖ ❖ ❖

Seguid al buen Pastor

Queridos jóvenes; jóvenes peregrinos por el sendero de la vida: *«Yo he venido para que tengan vida y la tengan en abundancia»* (*Jn* 10,10).

Esta tarde, esas palabras de Cristo se dirigen a vosotros, *jóvenes reunidos para la Jornada Mundial de la Juventud.*

Cristo pronuncia esas palabras en la parábola del buen pastor. *El buen pastor*: ¡qué hermosa imagen de Dios! Transmite algo profundo y personal sobre el modo en que Dios se cuida de todo lo que ha creado. En la metrópoli moderna no tenéis oportunidad de ver un pastor que cuida a su rebaño. Pero podemos acudir a las tradiciones del Antiguo Testamento, en el que esa parábola se halla profundamente arraigada, con el fin de *comprender la solicitud amorosa del pastor por su rebaño.*

El salmo dice: *«El Señor es mi pastor; nada me falta»* (*Sal* 23,1). El Señor, el Pastor, es Dios-Yahvé. El que libró a su pueblo de la opresión en la tierra de su destierro. El que se reveló en el monte Sinaí como el Dios de la alianza: «Si de veras escucháis mi voz y guardáis mi alianza, vosotros seréis mi propiedad personal entre todos los pueblos, *porque mía es toda la tierra»* (*Ex* 19,5).

Dios es el Creador de todo lo que existe. En la tierra que creó puso al hombre y a la mujer: «macho y hembra los creó» (*Gn* 1,27). «Y bendíjolos Dios, y díjoles: Sed fecundos y multiplicaos y henchid la tierra y sometedla; mandad en los peces del mar y en las aves de los cielos y en todo animal que serpea sobre la tierra» (*Gn* 1,28).

El puesto especial que ocupan los seres humanos entre todo *lo que Dios creó consiste en el hecho de que a ellos les otorgó participar en su misma solicitud y providencia hacia toda la creación.* El Creador nos confió el mundo a nosotros, como un don y una responsabilidad. Él, que es *Providencia eterna*; él, que guía todo el universo hacia su destino final, nos ha hecho a su imagen y semejanza, a fin de que también nosotros nos convirtiéramos en *«providencia»*, providencia sabia e inteligente, que guía el desarrollo humano y el desarrollo del mundo por el sendero de la armonía con la voluntad del Creador, para el bienestar de la familia humana y el cumplimiento de la vocación transcendente de cada persona.

Con todo, millones de hombres y mujeres viven sin darse cuenta de lo que hacen ni de lo que les sucede. Aquí, esta tarde, en el Cherry Creek State Park de Denver, representáis a la juventud del mundo, con todas las cuestiones que los jóvenes de fines del siglo XX necesitan y tienen derecho a plantearse.

Nuestro tema es la vida, y la vida está llena de misterio. La ciencia y la tecnología han hecho progresos enormes para descubrir los secretos de nuestra vida natural, pero un examen superficial de nuestra experiencia personal muestra que hay muchas otras dimensiones para nuestra existencia individual y colectiva en este planeta. Nuestro corazón inquieto busca más allá de nuestros límites, en alas de nuestra capacidad de pensar y amar: pensar y amar lo inconmensurable, lo infinito, la forma absoluta y suprema del Ser. Nuestra mirada interior se extiende hacia el horizonte ilimitado de nuestras esperanzas y aspiraciones. Y en medio de todas las contradicciones de la vida, buscamos *el significado verdadero de la vida.* Nos maravillamos y nos preguntamos, *¿por qué?*

¿Por qué estoy aquí?
¿Por qué existo?
¿Qué debo hacer?

Todos nos planteamos esas cuestiones. La humanidad en su totalidad siente la necesidad apremiante de dar un sentido y una finalidad a un mundo en el que aumenta la complejidad y la dificultad de ser feliz. Todos los obispos del mundo reunidos en el Concilio Vaticano II se expresaron de este modo: «Ante la actual evolución del mundo, son cada día más numerosos los que se plantean o los que acometen con nueva penetración las cuestiones más fundamentales [...]. ¿Qué es el hombre? ¿Cuál es el sentido del dolor, del mal, de la muerte, que, a pesar de tantos progresos hechos, subsisten todavía? [...] ¿Qué puede ofrecer el hombre a la sociedad? ¿Qué puede esperar de ella? ¿Qué hay después de esta vida temporal?» (*Gaudium et spes*, 10).

Dejar de plantearse esas cuestiones básicas significa renunciar *a la gran aventura de buscar la verdad acerca de la vida.*

Sabéis qué fácil es dejar de plantearse esas cuestiones básicas. Pero *vuestra presencia aquí manifiesta que no huís de la realidad y de la responsabilidad.*

Cuidáis el don de la vida que Dios os ha dado. Confiáis en Cristo, cuando dice: *«Yo he venido para que tengan vida y la tengan en abundancia»* (*Jn* 10,10).

Nuestra vigilia comienza con *un acto de confianza en las palabras del buen Pastor.* En Jesucristo, el Padre expresa toda la verdad con respecto a la creación. Creemos que en la vida, muerte y resurrección de Jesús, el Padre revela todo su amor a la humanidad. Por eso precisamente Cristo *habla de sí como «la puerta de las ovejas»* (*Jn* 10,7). Como puerta, vela por las criaturas confiadas a él. Nos conduce a buenos pastos: *«Yo soy la puerta; si uno entra por mí, estará a salvo; entrará y saldrá y encontrará pasto»* (*Jn* 10,9).

Jesucristo es verdaderamente el Pastor del mundo. Nuestro corazón debe estar abierto a sus palabras. Por eso, hemos venido a este encuentro mundial de la juventud: de todos los estados y diócesis de Estados Unidos, de toda América, de todo continente: todos están aquí representados por las banderas que vuestros delegados han izado para manifestar que aquí, esta tarde, nadie es extranjero. Todos somos uno en Cristo. *El Señor nos ha conducido como conduce su rebaño*: «El Señor es nuestro pastor; nada nos falta. En verdes praderas nos hace recostar. Nos conduce hacia fuentes tranquilas y repara nuestras fuerzas. Aunque caminemos por cañadas oscuras, nada tememos, porque él va con nosotros. Él nos sosiega» (cf. *Sal* 23).

Al meditar juntos en la vida que Jesús da, os pido que tengáis el valor de comprometeros *en favor de la verdad.* Tened el valor *de creer en la buena nueva sobre la vida* que Jesús enseña en el Evangelio. Abrid vuestra mente y vuestro corazón a la belleza de todo lo que Dios ha hecho y a su amor especial y personal hacia cada uno de vosotros.

Jóvenes del mundo, *¡escuchad su voz!*

Escuchad su voz y seguidlo.

Sólo el buen Pastor os conducirá a la verdad plena sobre la vida.

TENED EL VALOR Y LA GENEROSIDAD DE LOS MISIONEROS DEL PASADO

Queridos jóvenes peregrinos:

El Espíritu os ha traído a Denver *para llenaros de nueva vida*: para daros una fe, una esperanza y un amor más fuertes. Todo en vosotros –vuestra mente y vuestro corazón, vuestra voluntad y vuestra libertad, vuestros dones y vuestros talentos–, todo ha sido tomado por el Espíritu Santo para hacer de vosotros *«piedras vivas» del «edificio espiritual» que es la Iglesia* (cf. *1 P* 2,5). Esta Iglesia es inseparable de Jesús; él la ama como el esposo ama a su esposa. Esta Iglesia hoy, en Estados Unidos y en todos los países de donde procedéis, *tiene necesidad del afecto y de la cooperación de sus jóvenes, la esperanza de su futuro.* En la Iglesia cada uno tiene un papel que desempeñar, y todos juntos construimos el único cuerpo de Cristo, el único pueblo de Dios.

Al acercarse el tercer milenio, la Iglesia sabe que el buen Pastor sigue siendo, como siempre, la esperanza segura de la humanidad. Jesucristo nunca deja de ser *la puerta de las ovejas*. Y, a pesar de la historia de los pecados de la humanidad contra la vida, no cesa de repetir con la misma fuerza y el mismo amor: *«Yo he venido para que tengan vida y la tengan en abundancia»* (*Jn* 10,10).

¿Cómo es posible eso? ¿Cómo puede Cristo darnos la vida, si la muerte forma parte de nuestra existencia terrena? ¿Cómo es posible, si *«está establecido que los hombres mueran una sola vez*, y luego el juicio»? (*Hb* 9,27).

Jesús mismo nos da la respuesta; y la respuesta es una declaración suprema de amor divino, un hito de la revelación evangélica con respecto al amor de Dios Padre hacia toda la creación. La respuesta ya está presente en *la parábola del buen pastor*. Cristo dice: *«El buen pastor da su vida por las ovejas»* (*Jn* 10,11).

Cristo, el buen pastor, está presente entre nosotros, en medio de todos los pueblos, las naciones, las generaciones y las razas, como el que «da su vida por las ovejas». ¿No es esto el mayor amor? Era la muerte del Inocente: «El Hijo del hombre se va, como está escrito de él, pero ¡ay de aquel por quien el Hijo del hombre es entregado!» (*Mt* 26,24). *Cristo en la cruz es un signo de contradicción para todos los crímenes contra el mandamiento de no matar. Dio su vida en sacrificio para la salvación del mundo.* Nadie le arrebata esa vida humana; *él la da libremente*. Él tiene poder para darla y para recobrarla (cf. *Jn* 10,18). Fue una auténtica entrega de sí mismo. Fue un acto sublime de libertad.

Sí, el buen Pastor da su vida, *pero sólo para recobrarla* (cf. *Jn* 10,17). Y en la nueva vida de la resurrección, se ha convertido –según las palabras de San Pablo– en «espíritu que da vida» (*1 Co* 15,45), que ahora puede otorgar el don de la vida a cuantos creen en él.

Vida dada, vida recobrada, vida otorgada. En él, tenemos la vida que él tiene en la unidad del Padre y del Espíritu Santo, *si creemos en él, si somos uno con él por el amor*, recordando que «quien ama a Dios, debe amar también a su hermano» (*1 Jn* 4,21).

Buen Pastor, el Padre te ama porque das tu vida. *El Padre te ama* como el *Hijo crucificado*, porque vas a la muerte dando tu vida por nosotros. Y el Padre te ama, *cuando vences la muerte con tu resurrección*, revelando una vida indestructible. *Tú eres la vida y, por tanto, el camino y la verdad* de nuestra vida (cf. *Jn* 14,6).

Tú dijiste: «Yo soy el buen pastor; y conozco mis ovejas y las mías me conocen a mí, como me conoce el Padre y yo conozco a mi Padre» (*Jn* 10, 14-15). Tú que conoces al Padre (cf. *Jn* 10,15) –el único Padre común de todos– sabes *por qué* te ama el Padre (cf. *Jn* 10,17). Te ama porque das tu vida *por cada uno*.

Cuando dices: «*Doy la vida por mis ovejas*», *no excluyes a nadie*. Viniste al mundo para abrazar a todos los hombres y reunir en uno a los hijos de toda la familia humana que estaban dispersos (cf. *Jn* 11,52). Todavía hay muchos que no te conocen: «También tengo otras ovejas, que no son de este redil; también a ésas las tengo que conducir» (*Jn* 10,16).

Buen Pastor, enseña a los jóvenes aquí reunidos; enseña a los jóvenes de todo el mundo lo que significa «*dar*» su vida mediante *la vocación y la misión*. Como enviaste a los Apóstoles a predicar el Evangelio hasta los confines de la tierra, lanza ahora tu *desafío a la juventud de la Iglesia* para que cumpla la gran misión de darte a conocer a cuantos aún no han oído hablar de ti. Da a estos jóvenes la valentía y la generosidad de los grandes misioneros del pasado, de suerte que, a través del testimonio de su fe y su solidaridad con todos sus hermanos y hermanas necesitados, el mundo descubra *la verdad, la bondad y la belleza de la vida que sólo tú puedes dar.*

Enseña a los jóvenes reunidos en Denver a llevar tu mensaje de vida y verdad, de amor y solidaridad, al centro de la metrópoli moderna, al centro de todos los problemas que afligen a la familia humana al final del siglo XX.

Enseña a estos jóvenes a hacer buen uso de tu libertad. Enséñales que la mayor libertad consiste en entregarse totalmente. Enséñales el significado de las palabras del Evangelio: «El que pierda su vida por mí, la encontrará» (*Mt* 10,39).

Por todo esto, buen Pastor, te amamos.

Los jóvenes reunidos en Denver te aman porque aman la vida, el don del Creador. *Aman su vida humana* como el sendero por el que pasarán en medio de este mundo creado. Aman la vida como tarea y como vocación.

Y aman también la *otra vida que el Padre eterno nos ha dado por medio de ti*: la vida de Dios en nosotros, el mayor regalo que nos has dado.

Tú eres el buen Pastor.

Y no hay ningún otro.

Has venido para que tengamos la *vida*, y la tengamos en abundancia. La vida, no sólo a nivel humano, sino también *en la medida del Hijo, el Hijo en el que el Padre se complace eternamente.*

Vigilia, Denver 14/8/1993, partes I y III

❖ ❖ ❖

La resurrección de Jesucristo es la clave para comprender la historia del mundo y del hombre

Vuestras preguntas ahora se refieren a la persona y a la obra de Jesucristo, nuestro redentor. Percibís el misterio de su persona, que os lleva a conocerlo mejor. Veis que sus palabras han impulsado a sus discípulos a salir a predicar el Evangelio a todos los pueblos, poniendo en marcha así una misión que continúa aún hoy y que ha llevado a la Iglesia a todos los rincones del mundo. Queréis estar seguros de que, si lo seguís, no quedaréis frustrados o defraudados.

En otras palabras, ¿cómo podemos explicar el efecto extraordinario de su vida y la eficacia de sus palabras? *¿De dónde vienen su poder y su autoridad?*

Una lectura atenta del evangelio de San Juan nos ayudará a encontrar una respuesta a nuestra pregunta.

Vemos cómo Jesús, a pesar de las puertas cerradas, entra en la habitación donde los discípulos están reunidos (cf. *Jn* 20, 26). Les muestra sus manos y su costado. *¿Qué indican estas manos y este costado?* Son los signos de la pasión y de la muerte del Redentor en la cruz. El Viernes Santo estas manos fueron traspasadas por los clavos, al levantar su cuerpo en la cruz, entre el cielo y la tierra. Y cuando la agonía había llegado a su fin, el centurión romano traspasó también su costado con la lanza, para asegurarse de que ya no vivía (cf. *Jn* 19, 34). Inmediatamente brotaron sangre y agua, como una prueba patente de su muerte. Jesús había muerto realmente. Murió y fue colocado en el sepulcro, como era costumbre sepultar entre los judíos. José de Arimatea le cedió la tumba familiar, que poseía cerca del sitio. Allí yació Jesús hasta la mañana de Pascua. Ese día, de mañana, algunas mujeres vinieron de Jerusalén para ungir el cuerpo inerte. Pero encontraron que la tumba estaba vacía. Jesús había resucitado.

Jesús resucitado se apareció a los Apóstoles en la sala donde se hallaban reunidos. Y, para probarles que era la misma persona que habían conocido siempre, les muestra sus heridas: sus manos y su costado. *Son las huellas de su pasión y su muerte redentoras, la fuente de su fuerza* que les transmite. Les dice: «Como el Padre me envió, también yo os envío... *Recibid el Espíritu Santo*» (*Jn* 20, 21-22).

La resurrección de Jesucristo es la clave para comprender la historia del mundo, la historia de toda la creación, y es la clave para comprender de manera especial la historia del hombre. El hombre, al igual que toda la creación, está sometido a la ley de la muerte. Leemos en la Carta a los Hebreos: «Está establecido que los hombres mueran» (*Hb* 9, 27). Pero gracias a lo que realizó Jesucristo, esa ley quedó sometida a otra ley: a la ley de la vida. Gracias a la resurrección de Cristo, *el hombre ya no existe solamente para la muerte, sino que existe para la vida* que se ha de revelar en nosotros. Es la vida que Cristo ha traído al mundo (cf. *Jn* 1,4). De aquí la importancia del nacimiento de Jesús en Belén, que acabamos de celebrar en Navidad. Por este motivo, la Iglesia se prepara para el *gran jubileo del año 2000.* La vida humana que en Belén se reveló a los pastores y a los Magos llegados de Oriente en una noche estrellada, mostró su carácter indestructible el día de la Resurrección. Existe un vínculo profundo entre la noche de Belén y el día de la Resurrección.

La victoria de la vida sobre la muerte es lo que todo hombre desea. Todas las religiones, especialmente las grandes tradiciones religiosas que siguen la mayor parte de los pueblos de Asia, dan testimonio de cuán profundamente está inscrita en la conciencia religiosa del hombre *la verdad sobre nuestra inmortalidad.* La búsqueda humana de la vida después de la muerte encuentra cumplimiento definitivo en la resurrección de Cristo. Porque el Cristo resucitado es la demostración de la respuesta de Dios a este profundo anhelo del espíritu humano, la Iglesia profesa: «Espero la resurrección de los muertos y la vida del mundo futuro» (*Credo de los Apóstoles*). *El Cristo resucitado asegura a los hombres y a las mujeres* de toda época *que están llamados a una vida que traspasa el confín de la muerte.*

La resurrección del cuerpo es más que la mera inmortalidad del alma. Toda la persona, cuerpo y alma, está destinada a la vida eterna. Y *la vida eterna es la vida en Dios*. No la vida en el mundo que, como dice San Pablo, está «sometida a la caducidad» (*Rm* 8,20). Por ser una criatura en el mundo, el hombre está sujeto a la muerte, precisamente como cualquier otra criatura. La inmortalidad de toda la persona puede venir sólo como un don de Dios. Y, de hecho, es una participación en la eternidad de Dios mismo.

¿Cómo recibimos esta «vida en Dios»? *Por el Espíritu Santo.* Sólo el Espíritu Santo puede dar esta nueva vida, como profesamos en el Credo: «Creo en el Espíritu Santo, Señor y dador de vida.» Por él nos convertimos, a imagen de su Hijo único, en hijos adoptivos del Padre.

Cuando Jesús dice: «*Recibid el Espíritu Santo*», quiere decir: recibid de mí esta vida divina, *la divina adopción* que he traído al mundo y que he introducido en la historia humana. Yo mismo, el Hijo eterno de Dios, por obra del Espíritu Santo, me he convertido en Hijo del hombre, nacido de la Virgen María. Vosotros, por obra del mismo Espíritu, debéis llegar a ser –en mí y por mí– hijos e hijas adoptivos de Dios.

«Recibid el Espíritu Santo» significa: aceptad de mí esta *herencia de gracia y de verdad*, que hace de vosotros un solo cuerpo espiritual y místico conmigo. *«Recibid el Espíritu Santo»* significa también: *haceos partícipes del reino de Dios*, que el Espíritu Santo derrama en vuestro corazón como fruto de los sufrimientos y del sacrificio del Hijo de Dios, para que Dios sea todo en todos (cf. *1 Co* 15,28).

Queridos jóvenes, nuestra meditación ha llegado al centro del misterio de Cristo redentor. Por su consagración total al Padre, se ha convertido en canal de nuestra adopción como hijos e hijas amados del Padre. La *nueva vida* que existe en vosotros en virtud del bautismo es la fuente de vuestra esperanza y optimismo cristianos. Jesucristo es el mismo ayer, hoy y siempre. Cuando os dice: *«Como el Padre me envió, también yo os envío»*, podéis estar seguros de que *no os abandonará; estará siempre con vosotros.*

Vigilia, Manila 14/1/1995, parte III

3

LLAMADOS A SER TESTIGOS

Queridísimos jóvenes:

¡Bienvenidos! A muchos de vosotros creo que os puedo decir: ¡bienvenidos de nuevo! Efectivamente nos encontramos otra vez como hace un año. Entonces se celebraba el Jubileo extraordinario de la Redención: y nos separamos con el compromiso de volvernos a ver otra vez. Ahora el encuentro se renueva con motivo de la celebración del Año Internacional de la Juventud, proclamado por la Organización de las Naciones Unidas para 1985, con la conciencia del peso decisivo que tienen los jóvenes en todo proyecto que mire al futuro.

La idea guía, que las Naciones Unidas han dado a este Año, se articula en tres palabras densas de contenido: participación, desarrollo, paz. Tres valores de fondo, tres metas hacia las que todos los jóvenes del mundo están invitados a hacer converger sus esfuerzos. Esta tarde vamos a fijar la atención sobre todo en el primero de los valores citados: la participación.

Queridos amigos y amigas: Cuando me he dirigido a vosotros en las diversas lenguas, los grupos pertenecientes a cada una de ellas, han reaccionado inmediatamente, testimoniando con gritos y aplausos la alegría que suscita en ellos el sentirse directamente interpelados.

La lengua hace ciertamente que nos sintamos vinculados a la comunidad de la nación, pueblo o etnia, a la que pertenecemos. Mediante la lengua nos sentimos *partícipes* de esta comunidad.

Y no sólo mediante la lengua. Hay también otros factores que contribuyen a desarrollar en nosotros este sentido de participación en las respectivas patrias: la historia, la cultura, las tradiciones, las costumbres. En cierto sentido lo es también la religión.

Pero ¿qué quiere decir exactamente: *participación?* Quiere decir: *estar juntos con los otros*, y a la vez: *ser nosotros mismos mediante ese «estar juntos»*. Lo que une a los hombres entre sí, lo que les hace participar a los unos en la vida de los otros es la coparticipación de los *bienes*, es la común aceptación de los *valores*.

La familia

Es lo que aparece con particular evidencia en la *comunidad familiar*. Efectivamente, la familia no es sólo una comunidad: es una *«comunión de personas»*. Lo que significa que cada uno de los miembros de la familia *participa en la «humanidad»* de los otros: marido y mujer, padres e hijos, hijos y padres.

Es grande, pues, la importancia de la familia como *escuela de participación*. Y, por esto, hay una gran pérdida cuando falta esta escuela de participación, cuando se destruye la familia.

Queridísimos jóvenes: Comprometeos a construir en vuestro futuro familias sanas. He hablado de esto en la Carta especial que os he dirigido. Una familia sana es la garantía más segura de serenidad para los cónyuges y el don más grande que ellos pueden legar a sus hijos.

Además: la Iglesia es una *escuela particular de participación*; nos lo hace entender el acontecimiento más importante de la vida eclesial: *la participación en la Santa Misa*.

¿Qué significa: «participar en la Santa Misa»? Fijaos bien: no sólo «estar presentes en la Misa», sino «participar en la Misa». Para responder a la pregunta hay que entender lo *que es la Misa*. No es simplemente un rito sagrado, al que se puede asistir como espectadores, por así decirlo, «neutrales». La Misa es el sacrificio de Cristo y el banquete que Él mismo prepara y al que nos invita a todos nosotros como *comensales*. La comida que Él ofrece en la mesa eucarística es su carne y su sangre, que Él distribuye a los comensales bajo las apariencias del pan y del vino «en memoria» del cuerpo y la sangre derramada en la cruz. «Tomad y comed»..., «tomad y bebed»...: todos están invitados a participar en la Cena eucarística, porque en ella se renueva místicamente lo que a todos interesa, el misterio de la muerte y resurrección del Señor, gracias al cual todos hemos sido redimidos.

Si en cada grupo de fieles que se reúne en el nombre de Cristo, se realiza ya una presencia suya especial –¿acaso no ha prometido Él mismo: «donde están dos o tres congregados en mi nombre, allí estoy yo en medio de ellos»? (*Mt* 18,20)–, mucho más se realiza esa presencia viva y realmente en la comunidad reunida en torno a su altar. Aquí está Él en la realidad de su carne y de su sangre que constituye el centro de la comunidad, y que, llamando a cada uno a nutrirse con este alimento divino, hace de todos una sola cosa en sí mismo: «Porque el pan es uno –observa con lógica apremiante San Pablo–, somos muchos un solo cuerpo, pues todos participamos de ese único pan» (*1 Cor* 10,17).

La Iglesia nos educa, pues, para la participación, haciéndonos entrar *en comunión con el misterio de Cristo* y particularmente con el misterio pascual, es decir, con su pasión, muerte y resurrección. Éste es el misterio de la redención, esto es, de la Alianza que Dios ha establecido con el hombre, con toda la humanidad, estipulándola «en la sangre», es decir, en el sacrificio, de su Hijo Jesucristo, nuestro Señor.

También nosotros estamos llamados a esta Alianza; y tal participación tiene *carácter continuo, habitual.* El hombre participa en ella ante todo mediante el bautismo, sacramento con el que Dios, en confirmación de su voluntad de amistad, no sujeta a cambios, imprime en el alma del nuevo cristiano su sello indeleble. Dios es fiel; su Alianza no tiene un carácter provisional, sino estable. Los diversos sacramentos sucesivos al bautismo no son, en el plan de Dios, sino confirmaciones y profundizaciones de la inicial y jamás desmentida Alianza, que Él ha establecido con cada uno de nosotros.

Pero el hombre, por desgracia, no sabe corresponder con igual fidelidad a la iniciativa de Dios. Con el pecado se rebela contra la Alianza y llega a romperla. Pero el amor de Dios no se detiene ni ante tal ingratitud: en el sacramento de la penitencia y de la reconciliación sale al encuentro del pecador arrepentido para acogerlo de nuevo en casa, y entablar con él nuevamente los vínculos de la Alianza que Él nunca rompió. Lo mismo que hace el padre de la parábola evangélica que conocéis bien.

Cada uno de los aspectos de la vida cristiana es *ontológicamente* expresivo de la participación en la Nueva Alianza que Dios ha estipulado en Cristo con la humanidad. A este dato ontológico corresponde un compromiso existencial: el cristiano tiene que dar testimonio *dinámicamente* en la vida de la nueva realidad de la que el amor de Dios lo ha hecho partícipe. En otras palabras, está llamado a participar con la comunidad de la Iglesia *en la misión salvífica de Cristo*.

El Concilio Vaticano II ha explicado con viveza especial este aspecto de la vida cristiana. Por ejemplo, la *Lumen gentium* dice: «El apostolado de los laicos es participación en la misma misión salvífica de la Iglesia, apostolado al que todos están destinados por el Señor mismo en virtud del bautismo y de la confirmación. Y los sacramentos, especialmente la sagrada Eucaristía, comunican y alimentan aquel amor hacia Dios y hacia los hombres, que es el alma de todo apostolado. Los laicos están especialmente llamados a hacer presente y operante a la Iglesia en aquellos lugares y circunstancias en que sólo puede llegar a ser sal de la tierra a través de ellos. Así, todo laico, en virtud de los dones que le han sido otorgados, se convierte en testigo y simultáneamente en vivo instrumento de la misión de la misma Iglesia "en la medida del don de Cristo" (*Ef* 4,7)» (n. 33).

El Concilio alude luego también a la misión de los laicos que están llamados «de diversos modos a una colaboración más inmediata con el apostolado de la jerarquía, al igual que aquellos hombres y mujeres que ayudaban al Apóstol Pablo en la evangelización, trabajando mucho en el Señor» *(ib.)*.

Todos, pues, estamos llamados a ser *testigos de Cristo*, a semejanza de los Apóstoles. Se trata de una llamada que tiene su raíz en el bautismo, pero que encuentra su explicitación formal en el sacramento de la madurez cristiana, la *confirmación*, que hace al cristiano partícipe de modo específico en la misión salvífica y *profética* del Redentor, y lo confirma –Confirmatio!– en los compromisos cotidianos de esta vocación.

Queridísimos jóvenes: Pienso ahora en los diversos *grupos, comunidades, movimientos*, de los cuales muchos de vosotros formáis parte. ¡No lo olvidéis! La autenticidad de estas asociaciones tiene un criterio bien preciso de verificación: el grupo, la comunidad, el movimiento al que pertenecéis, es auténtico en la medida en que os ayuda a participar en la misión salvífica de la Iglesia, realizando así vuestra vocación cristiana en los diversos campos donde la Providencia os ha puesto para actuar.

¡Cuánta riqueza de significado tiene para el cristiano esta palabra: participación! Y, sin embargo, cuanto he dicho hasta ahora no ha mostrado aún de lleno la participación a la que nos llama el Evangelio. El núcleo central del mensaje de Cristo, perspectiva de luminosidad incandescente en la que la razón humana por sí sola no se atrevería ni siquiera a pensar, os es bien conocida: *en Jesucristo, nosotros estamos llamados a participar en la vida misma de Dios, de la Santísima Trinidad*. Éste es el don de la gracia. Y la gracia es real «participación en la naturaleza divina». Son las palabras de la segunda Carta de Pedro (1,4). Y el Apóstol Juan nos dice: «Ahora somos hijos de Dios, aunque aún no se ha manifestado lo que hemos de ser. Sabemos que, cuando se manifieste, seremos semejantes a Él, porque le veremos tal cual es» (*1 Jn* 3,2). En esto consiste la sustancia misma del plan salvífico de Dios. Nuestra meta es, por ello, una «asimilación» a Dios, en quien la capacidad de participación, que es propia de nuestra naturaleza, se trasciende y sublima hasta abrirse a los latidos mismos de la vida que es propia de Dios.

La Iglesia, que nos dirige hacia esta meta suprema, *es el sacramento de tal participación.* Todos los aspectos de su vida –la oración, los sacramentos, la liturgia– no tienen otra finalidad sino ésta: ayudar a los cristianos a encarnar en la propia vida la realidad de esta participación en el amor de Dios y de las exigencias que de ella se derivan.

Entre estas exigencias la primera y la más fundamental es *el amor.* Efectivamente, la vida divina *es comunión de amor.* Si ella es *el ápice y la plenitud* de la «participación» a la que estamos llamados, es lógico que *el mandamiento más grande* sea el del amor a Dios y al prójimo.

Debemos «participar» en la Divinidad y madurar en esta participación a medida de la eternidad, *participando en la humanidad* de nuestros hermanos: cercanos y lejanos. Éste es también el «meollo ético» de nuestra vocación: cristiana y humana. El mandamiento del amor se inserta orgánicamente en la vocación a la participación.

Así pues, vosotros, jóvenes, en la escuela de vuestras familias, de vuestras comunidades, de vuestras naciones, en la escuela de la Iglesia debéis *educaros para toda la riqueza de la «participación»* en la dimensión interhumana (social) y, simultáneamente, religiosa y sobrenatural.

Estáis llamados a participar en el *verdadero y auténtico desarrollo*, que, mediante el justo equilibrio entre «ser» y «tener», debe hacerse cada vez más *progreso en la justicia* dentro de los varios ámbitos y bajo diversos perfiles; debe hacerse progreso en la *civilización del amor.*

Vosotros jóvenes estáis llamados también a participar en el grande e indispensable esfuerzo de toda la humanidad, que tiene como objetivo alejar el espectro de la guerra y construir la paz. Debéis ser «artífices de paz» según el multiforme alcance de este término, que abarca significados mucho más ricos que la simple ausencia de guerra. Vosotros debéis ser «artífices de paz» y, por lo tanto, sentiros comprometidos a construir una sociedad verdaderamente fraterna.

Sobre este tema me he detenido en el Mensaje del 1 de enero para la Jornada mundial de la Paz. No será inútil volverlo a tomar en la mano, para sopesar de nuevo sus contenidos. En él, al poner de relieve que «la paz y los jóvenes caminan juntos», decía entre otras cosas: «El futuro de la paz y, por consiguiente, el futuro de la humanidad dependen, sobre todo, de las opciones morales fundamentales que la nueva generación de hombres y mujeres está llamada a tomar» (n. 2).

Vosotros sois la nueva generación. Al comienzo de la Carta que, con miras a este encuentro, he dirigido a la juventud de todo el mundo, he puesto, bajo la guía de la primera Carta de Pedro, el siguiente deseo: *«Siempre prontos para dar razón de vuestra esperanza a todo el que os la pidiere»* (v. 15).

Encuentro con los jóvenes en la plaza de San Juan, Roma
30/3/1985

❖ ❖ ❖

«SÍGUEME»

Entre los seguidores de las religiones no cristianas, sobre todo del budismo, del hinduismo y del islamismo, encontramos, desde hace milenios, numerosos hombres «espirituales», que, a menudo desde la juventud, abandonan todo para vivir en estado de pobreza y de pureza en la búsqueda del Absoluto que está por encima de la apariencia de las cosas sensibles, se esfuerzan por conquistar el estado de liberación perfecta, se refugian en Dios con amor y confianza e intentan someterse de todo corazón a los designios escondidos en Él. Se sienten como empujados por una misteriosa voz interior que resuena dentro de su espíritu, haciendo como eco a las palabras de San Pablo: «Pasa la apariencia de este mundo»,[1] y los conduce a la búsqueda de cosas más grandes y duraderas: «Buscad las cosas de arriba.»[2] Tienden con todas sus fuerzas hacia la meta, trabajando mediante un serio aprendizaje en la purificación de su espíritu, llegando a hacer a veces de la propia vida una donación de amor a la divinidad. Actuando de este modo, se convierten en un ejemplo viviente para sus contemporáneos, a los que indican con su conducta la primacía de los valores eternos sobre los fugaces y, a veces, ambiguos, ofrecidos por la sociedad en la que viven.

El deseo de la perfección, de *«algo más»*, encuentra su explícito punto de referencia *en el Evangelio*. Cristo, en el Sermón de la Montaña, confirma toda la ley moral, en cuyo centro están la tablas mosaicas de los diez mandamientos; pero al mismo tiempo da a estos mandamientos *un sentido* nuevo, *evangélico*. Todo esto se concentra –como se ha dicho precedentemente– alrededor de la caridad, no sólo *como mandamiento*, sino además *como don*: «... el amor de Dios se ha derramado en vuestros corazones por virtud del Espíritu Santo, que nos ha sido dado».[3]

En este contexto nuevo se hace comprensible asimismo el programa de las ocho bienaventuranzas, con el que comienza el Sermón de la Montaña en el Evangelio según San Mateo.[4]

En este mismo contexto el conjunto de los mandamientos, que constituyen el código fundamental de la moral cristiana, es completado *por el conjunto de los consejos evangélicos*, en los que se expresa y concreta, de modo especial, la llamada de Cristo a la perfección, que es una llamada a la santidad.

Cuando el joven pregunta sobre el «algo más»: «¿Qué me queda aún?», Jesús lo mira con amor y este amor encuentra aquí un nuevo significado. El hombre es conducido interiormente por el Espíritu Santo *desde una vida según los mandamientos a otra vida consciente del don*, y la mirada plena de amor por parte de Cristo expresa este «paso» interior. Jesús añade: «*Si quieres ser perfecto*, ve, vende cuanto tienes, dalo a los pobres, y tendrás un tesoro en los cielos, y ven y sígueme.»[5]

¡Sí, mis queridos jóvenes! El hombre, el cristiano es *capaz de vivir conforme a la dimensión del don.* Más aún, esta dimensión no sólo es *«superior»* a la de las meras obligaciones morales conocidas por los mandamientos, sino que es también *«más profunda»* y fundamental. Esta dimensión testimonia una expresión más plena de aquel proyecto de vida que construimos ya en la juventud. La dimensión del don crea a la vez el *perfil maduro* de toda *vocación* humana y cristiana, como se dirá después.

Sin embargo, en este momento deseo hablaros del *significado particular* de las palabras que Cristo dijo a aquel joven. Y hago esto convencido de que Cristo las dirige en la Iglesia a *algunos jóvenes* interlocutores suyos de cada generación. También de la nuestra. Aquellas palabra significan en este caso una vocación particular dentro de la comunidad del Pueblo de Dios. La Iglesia halla el *«sígueme»* de Cristo[6] al comienzo de toda llamada *al servicio en el sacerdocio ministerial*, que en la Iglesia católica de rito latino está unida simultáneamente a la responsable y libre elección del celibato. La Iglesia encuentra el mismo «sígueme» de Cristo *al comienzo de la vocación religiosa* en la que, mediante la profesión de los consejos evangélicos (castidad, pobreza y obediencia), un hombre o una mujer reconocen como suyo el programa de vida *que el mismo Cristo realizó* en la tierra *por el reino de Dios*.[7] Al emitir los votos religiosos, estas personas se comprometen a dar un testimonio concreto del amor de Dios por encima de cualquier cosa y, a la vez, de aquella llamada a la unión con Dios en la eternidad que se dirige a *todos*. No obstante esto, es necesario que algunos den un testimonio excepcional de tal llamada ante los demás.

Ésta es la razón por la que deseo decir a todos vosotros, jóvenes, en esta importante fase del desarrollo de vuestra personalidad masculina o femenina que si *tal llamada* llega a tu corazón, no la acalles. *Deja que se desarrolle hasta la madurez de una vocación.* Colabora con esa llamada a través de la oración y la fidelidad a los mandamientos. «La mies es mucha.»[8] Hay una gran necesidad de que muchos oigan la llamada de Cristo: «Sígueme.» Hay una gran necesidad de que a muchos llegue la llamada de Cristo: «Sígueme.» Hay una enorme *necesidad de sacerdotes* según el corazón de Dios. La Iglesia y el mundo actual tienen urgente necesidad *de un testimonio de vida entregada sin reserva a Dios*, del testimonio de este amor esponsal de Cristo, que de modo particular haga presente el reino de Dios entre los hombres y lo acerque al mundo.

Permitidme pues completar aún las palabras de Cristo el Señor *sobre la mies que es abundante*. Sí, es abundante la mies del Evangelio, la de la salvación..., *«pero los obreros son pocos»*. Tal vez hoy se note esto más que en el pasado, especialmente en algunos países, así como también en algunos institutos de vida consagrada y similares.

«*Rogad, pues, al dueño de la mies* que *envíe obreros* a su mies»,[9] continúa diciendo Cristo. Estas palabras, especialmente en nuestro tiempo, se convierten en un programa de oración y acción en favor de las vocaciones sacerdotales y religiosas. Con este programa *la Iglesia se dirige a vosotros, jóvenes*. Rogad también vosotros. Y si el fruto de esta oración de la Iglesia nace en lo íntimo de vuestro corazón, escuchad al Maestro que os dice: «Sígueme.»

EL PROYECTO DE VIDA Y LA VOCACIÓN CRISTIANA

En el Evangelio estas palabras se refieren ciertamente a la vocación sacerdotal o religiosa, pero al mismo tiempo nos permiten entender más profundamente *la cuestión de la vocación* en un *sentido aún más amplio y fundamental*.

Se podría hablar aquí *de la vocación «de vida»*, que se identifica en cierto modo con el *proyecto de vida*, que cada uno de vosotros elabora en el período de su juventud. Sin embargo, «la vocación» dice todavía algo más que el «proyecto». En el segundo caso, es uno mismo el sujeto que elabora y esto corresponde mejor a la realidad de la persona como sois cada una y cada uno de vosotros. Este *«proyecto» es la «vocación»*, en cuanto que en ella se hacen sentir los diversos factores que *llaman*. Estos factores componen normalmente un determinado orden de valores (llamado también «jerarquía de valores»), de los que brota un ideal a realizar, que es atractivo para un corazón joven. En este proceso la «vocación» se convierte en «proyecto», y el proyecto comienza a ser también vocación.

Pero dado que nos encontramos *ante Cristo* y basamos nuestras reflexiones en torno a la juventud sobre su coloquio con el joven, es menester precisar aún mejor la relación existente entre «el proyecto de vida» en relación con la «vocación de vida». El hombre es *una criatura* y, a la vez, un hijo adoptivo de Dios en Cristo: *es hijo de Dios*. Entonces la pregunta: «¿Qué me queda aún?», el hombre la hace durante la juventud no sólo a sí mismo y a las demás personas de las que espera una respuesta, especialmente a los padres y a los educadores, sino que la *hace* asimismo *a Dios* como *Creador y Padre*. El hombre se hace esta pregunta en el ámbito de aquel particular espacio interior en el que ha aprendido a estar en estrecha relación con Dios, ante todo *en la oración*. El hombre pregunta pues a Dios: «¿Qué me queda aún?», ¿cuál es tu plan respecto a mi vida?, ¿cuál es tu plan creador y paterno?, *¿cuál es tu voluntad?* Yo deseo cumplirla.

En este contexto el «proyecto» adquiere el significado de «vocación de vida», como algo que es *confiado* al hombre por *Dios como tarea*. Una persona joven, al entrar dentro de sí y a la vez al iniciar el coloquio con Cristo en la oración, desea casi *leer aquel pensamiento eterno* que Dios Creador y Padre tienen con ella. Entonces se convence de que la tarea que Dios le asigna *es dejada* completamente *a su libertad* y, al mismo tiempo, está determinada por diversas circunstancias de índole interior y exterior. La persona joven, muchacho o muchacha, examinando estas circunstancias, construye su proyecto de vida y a la vez *reconoce* este proyecto *como la vocación a la que Dios le llama*.

Así pues, deseo confiar a todos vosotros, jóvenes destinatarios de la presente Carta, este trabajo maravilloso que se une al descubrimiento, ante Dios, de la respectiva vocación de vida. Éste es un trabajo apasionante. Es un *compromiso interior* entusiasmante. Vuestra humanidad se desarrolla y crece en este compromiso mientras vuestra personalidad joven va adquiriendo la madurez interior. Os arraigáis en lo que cada uno y cada una de vosotros es, para convertirse en *lo que debe llegar a ser para sí mismo, para los hombres y para Dios.*

Paralelamente al proceso de descubrir la propia «vocación de vida» debería desarrollarse la conciencia de en qué modo esta vocación de vida es al mismo tiempo una «vocación cristiana».

Hay que observar aquí que, en el período anterior al Concilio Vaticano II, el concepto de «vocación» se aplicaba *ante todo* respecto al sacerdocio y a la vida religiosa, como si Cristo hubiera dirigido al joven su «sígueme» evangélico únicamente para estos casos. El *Concilio ha ampliado* esta visual. La vocación sacerdotal y religiosa ha conservado su carácter particular y su importancia sacramental y carismática en la vida del Pueblo de Dios. Pero al mismo tiempo, la *toma de conciencia, renovada* por el Vaticano II, de la participación universal de todos los bautizados en la triple misión de Cristo *(tria munera)* profética, sacerdotal y real, así como la conciencia *de la vocación universal a la santidad*,[10] hacen ciertamente que toda vocación de vida humana, al igual que la vocación cristiana, corresponda a la llamada evangélica. *El «sígueme» de Cristo se puede escuchar a lo largo de distintos caminos*, a través de los cuales andan los discípulos y los testigos del divino Redentor. Se puede llegar a ser imitadores de Cristo de diversos modos, o sea, *no sólo* dando testimonio del reino escatológico de verdad y de amor, *sino también* esforzándose por la transformación de toda la realidad temporal conforme al espíritu del Evangelio.[11] Es aquí donde comienza también *el apostolado de los seglares*, inseparable de la esencia misma de la vocación cristiana.

Estas premisas son extremadamente importantes para el

proyecto de vida, que corresponde al dinamismo esencial de vuestra juventud. Es preciso que examinéis este proyecto –independientemente del contenido concreto «de vida» del que se llenará– a la luz de las palabras dirigidas por Cristo al joven.

Es menester que reflexionéis también –y muy seriamente– sobre *el significado del bautismo y de la confirmación*. En efecto, el depósito fundamental de la vida y de la vocación cristiana está contenido en estos dos sacramentos. De ellos parte el camino hacia la *Eucaristía*, que contiene la plenitud del don sacramental concedido al cristiano: toda la riqueza de la Iglesia se concentra en este Sacramento de Amor. A la vez, siempre en relación con la Eucaristía, hay que reflexionar sobre el tema del *Sacramento de la Penitencia*, que tiene una importancia insustituible en la formación de la personalidad cristiana, especialmente si está unida a él la dirección espiritual, es decir, *una escuela sistemática de vida interior*.

La Iglesia misma –como enseña el Concilio Vaticano II– es «*como un sacramento*, o sea, signo e instrumento de la unión íntima con Dios y de la unidad de todo el género humano».[12] Toda vocación de vida, como *vocación* «cristiana», está *arraigada en la sacramentalidad de la Iglesia*: se forma, por lo tanto, mediante los sacramentos de nuestra fe. Son los que nos permiten, desde la juventud, abrir nuestro «yo» humano a la acción salvífica de Dios, es decir, de la Santísima Trinidad. Nos permiten *participar en la vida de Dios*, viviendo al máximo una vida humana auténtica. De esta manera, la vida humana adquiere una dimensión nueva y, a la vez, su *originalidad cristiana*: la conciencia de las exigencias impuestas al hombre por el Evangelio se completa por la toma de conciencia de aquel don, que supera todo. «Si conocieras el don de Dios»,[13] dijo Cristo en su coloquio con la samaritana.

Carta apostólica a los jóvenes y las jóvenes del mundo,
Roma 31/3/1985, párr. 8-9

❖ ❖ ❖

«Id por todo el mundo y proclamad el Evangelio»
(*Mc* 16,15)

Estas palabras, dirigidas a los Apóstoles, llegan, mediante la Iglesia, a todo bautizado. Como es fácil notar, se trata de un tema íntimamente relacionado con el del año pasado. El mismo Espíritu, que nos ha hecho hijos de Dios, nos impulsa a la evangelización. De hecho, la vocación cristiana implica una misión.

A la luz del mandato misionero que Cristo nos ha confiado, se ven con más claridad el significado y la importancia de las jornadas mundiales de la juventud en la Iglesia. Participando en estos encuentros, los jóvenes confirman y fortalecen el propio «sí» dado a Cristo y a su Iglesia, repitiendo, con las palabras del profeta Isaías: «Heme aquí: envíame» (*Is* 6,8). Éste fue exactamente el significado del rito del envío realizado en Czestochowa, cuando entregué a algunos de vuestros representantes cirios encendidos, invitando a todos los jóvenes a llevar la luz de Cristo al mundo. Sí, en Jasna Góra –en la Montaña Luminosa– el Espíritu Santo encendió una luz que es signo de esperanza para la Iglesia y para toda la humanidad.

La Iglesia, por naturaleza, es una comunión misionera (cf. *Ad gentes*, 2). Constantemente trata de vivir este impulso misionero que ha recibido del Espíritu Santo en el día de Pentecostés: «Recibiréis la fuerza del Espíritu Santo, que vendrá sobre vosotros, y seréis mis testigos» (*Hch* 1,8). En efecto, el Espíritu Santo es el protagonista de toda la misión eclesial (cf. *Redemptoris missio*, III).

Como consecuencia, también la vocación cristiana está proyectada hacia el apostolado, hacia la evangelización, hacia la misión. Cristo llama a cada bautizado a ser su apóstol en el propio ambiente de vida y en todo el mundo: «Como el Padre me envió, también yo os envío» (*Jn* 20,21). Cristo, a través de su Iglesia, os confía la misión fundamental de comunicar a los demás el don de la salvación y os invita a participar en la construcción de su reino. Os elige a pesar de los límites que cada uno tiene, porque os ama y cree en vosotros. Este amor de Cristo, incondicional, debe ser el alma de vuestro apostolado, según las palabras de San Pablo: «el amor de Cristo nos apremia» (*2 Co* 5,14).

Ser discípulos de Cristo no es algo privado. Al contrario, el don de la fe hay que compartirlo con los demás. Por eso, el mismo Apóstol escribe: «Predicar el Evangelio no es para mí ningún motivo de gloria; es más bien un deber que me incumbe. Y ¡ay de mí si no predicara el Evangelio!» (*1 Co* 9,16). No olvidéis, además, que la fe se fortalece y crece cuando se comunica a los demás (cf. *Redemptoris missio*, 2).

«Id por todo el mundo.»

Las tierras de misión, en las que tenéis que trabajar, no están situadas necesariamente en los países lejanos, sino que se encuentran en todo el mundo, también en vuestros ambientes cotidianos. En los países de más antigua tradición cristiana hay hoy una urgente necesidad de hacer resplandecer el anuncio de Jesús a través de una nueva evangelización, pues todavía hay muchas personas que no conocen a Cristo, o lo conocen poco; y otras, influidas por los mecanismos del secularismo y de la indiferencia religiosa, se están alejando de él (cf. *Christifideles laici*, 4).

El mismo mundo de los jóvenes, queridos míos, constituye para la Iglesia contemporánea una tierra de misión. Son por todos conocidos los problemas que atormentan los ambientes juveniles: la caída de los valores, la duda, el consumismo, la droga, la delincuencia, el erotismo, etc. Pero, al mismo tiempo, todo joven tiene una gran sed de Dios, aunque a veces ésta se esconde detrás de una actitud de indiferencia o incluso de hostilidad. ¡Cuántos jóvenes, desorientados e insatisfechos, fueron a Czestochowa para dar un sentido más profundo y decisivo a su propia vida! ¡Cuántos fueron desde lejos –no sólo geográficamente–, incluso sin haber recibido el bautismo! Tengo la certeza de que, para la vida de muchos jóvenes, el encuentro de Czestochowa fue una forma de «preparación evangélica»; para algunos hasta significó un cambio esencial, una ocasión de auténtica conversión.

¡La mies es mucha! Pero, aunque hay muchos jóvenes que buscan a Cristo, hay todavía pocos apóstoles capaces de anunciarlo de modo creíble. Se necesitan muchos sacerdotes, maestros y educadores en la fe, y también jóvenes animados por el espíritu misionero, ya que son los jóvenes quienes «deben convertirse en los primeros e inmediatos apóstoles de los jóvenes, ejerciendo el apostolado entre sí» (*Apostolicam actuositatem*, 12). Ésta es una pedagogía básica de la fe. Por lo tanto, ¡ésta es vuestra gran tarea!

El mundo de hoy lanza muchos desafíos a vuestro compromiso eclesial. Concretamente, la caída del sistema marxista en los países de Europa centrooriental y la consiguiente apertura de numerosos países al anuncio de Cristo, constituye un nuevo signo de los tiempos al que la Iglesia tiene que dar una respuesta adecuada. Al mismo tiempo la Iglesia busca los caminos para superar las barreras de distinta naturaleza que todavía existen en otros muchos países. Son indispensables la fuerza y el entusiasmo que vosotros, queridos jóvenes, podéis ofrecer a la Iglesia.

«Proclamad el Evangelio.»

Anunciar a Cristo significa, sobre todo, ser sus testigos con la vida. Se trata de la forma de evangelización más simple y, al mismo tiempo, más eficaz para vosotros. Consiste en manifestar la presencia visible de Cristo en la propia existencia a través del compromiso cotidiano y la coherencia con el Evangelio en cada elección concreta. Hoy el mundo necesita testigos creíbles. Vosotros, queridos jóvenes, que tanto amáis la autenticidad en las personas y que casi instintivamente condenáis todo tipo de hipocresía, estáis dispuestos a ofrecer a Cristo un testimonio limpio y sincero. Testimoniad, por tanto, vuestra fe, también a través de vuestro compromiso en el mundo. El discípulo de Cristo nunca es un observador pasivo e indiferente frente a los acontecimientos. Al contrario, se siente responsable de la transformación de la realidad social, política, económica y cultural.

Además, anunciar significa también proclamar, llevar la Palabra de salvación a todos. Muchas personas rechazan a Dios por ignorancia. De hecho, todavía se conoce poco la fe cristiana, pero al mismo tiempo hay un profundo deseo de escuchar la palabra de Dios. Y la fe nace de la escucha. San Pablo escribe: «¿Cómo creerán en aquel a quien no han oído? ¿Cómo oirán sin que se les predique?» (*Rm* 10,14). Anunciar la palabra de Dios, queridos jóvenes, no incumbe sólo a los sacerdotes o a los religiosos, sino también a vosotros. Debéis tener la valentía de hablar de Cristo en vuestras familias, en vuestro ambiente de estudio, de trabajo o de diversión, animados por el mismo fervor de los Apóstoles, cuando afirmaban: «Nosotros no podemos dejar de hablar de lo que hemos visto y oído» (*Hch* 4,20). ¡Tampoco vosotros podéis callar! Existen lugares y situaciones a los que sólo vosotros podéis llevar la semilla de la palabra de Dios.

No tengáis miedo de hablar de Cristo a quien todavía no lo conoce. Cristo es la verdadera respuesta, la más completa, a todas las preguntas que se refieren al hombre y a su destino. Sin él, el hombre es un enigma sin solución. Tened, por lo tanto, ¡la valentía de proponer a Cristo! Ciertamente, hay que hacerlo con el debido respeto a la libertad y conciencia de cada uno, pero hay que hacerlo (cf. *Redemptoris missio*, 39). Ayudar a un hermano o a una hermana a descubrir a Cristo, camino, verdad y vida (cf. *Jn* 14,6) es un verdadero acto de amor hacia el prójimo.

Hablar de Dios hoy no es fácil. Muchas veces se encuentra un muro de indiferencia, y también una cierta hostilidad. Cuántas veces tendréis la tentación de repetir con el profeta Jeremías: «¡Ah, Señor! Mira que no sé expresarme, que soy un muchacho.» Pero Dios responde siempre: «No digas "soy un muchacho", pues adondequiera que yo te envíe irás» (cf. *Jr* 1,6-7). Por tanto, no os desalentéis, porque no estáis solos. El Señor nunca dejará de acompañaros, como prometió: «Sabed que yo estoy con vosotros todos los días hasta el fin del mundo» (*Mt* 28,20).

«Id por todo el mundo y proclamad el Evangelio.»

El tema de la VII Jornada Mundial de la Juventud también os invita a mirar la historia de los pueblos y, en particular, la historia de su evangelización.

En algunos casos se trata de una historia muy antigua; en otros es una historia reciente. Pero es maravilloso el dinamismo con el que las Iglesias más jóvenes crecen en la fe, enriqueciendo el patrimonio espiritual de toda la Iglesia universal.

Con ocasión de esta Jornada, muy queridos jóvenes de todo el mundo, os invito a reflexionar, a la luz de la fe, sobre las figuras de los apóstoles y misioneros, sobre los primeros que llevaron la cruz de Cristo a vuestros países. Tratad de sacar de su ejemplo el celo y el valor necesarios para afrontar mejor los retos de nuestro tiempo.

Como signo de gratitud por el don de la fe que han llevado a los pueblos, estad dispuestos a asumir personalmente la responsabilidad de la herencia de la cruz de Cristo. Estáis llamados a transmitirla a las generaciones futuras.

En este momento quiero dirigir una llamada especial a los jóvenes del continente latinoamericano, donde este año se celebra el V Centenario de la primera evangelización. Este acontecimiento, de gran importancia para toda la Iglesia, es para vosotros un motivo para dar gracias al Señor por la fe que os ha dado y para renovar vuestro compromiso frente a los desafíos de la nueva evangelización, en el umbral del tercer milenio.

Mensaje a los jóvenes y a las jóvenes del mundo para la VII Jornada Mundial de la Juventud, Roma 30/11/1991, párr. 1-5

❖ ❖ ❖

«Como el Padre me envió, también yo os envío»
(*Jn* 20,21)

...

El anhelo de *ver al Señor* anida siempre en el corazón del hombre (cf. *Jn* 12,21) y lo impulsa sin cesar a buscar su rostro. También nosotros, al ponernos en camino, manifestamos esa nostalgia y, con el peregrino de Sión, repetimos: «Tu rostro busco, Señor» (*Sal* 27,8).

El Hijo de Dios sale a nuestro encuentro, nos acoge, se nos manifiesta y nos repite lo mismo que dijo a sus discípulos la tarde de Pascua: «Como el Padre me envió, también yo os envío» (*Jn* 20,21).

Una vez más, quien convoca a los jóvenes de todo el mundo es Jesucristo, centro de nuestra vida, raíz de nuestra fe, razón de nuestra esperanza y manantial de nuestra caridad.

Llamados por él, los jóvenes de todos los rincones del planeta se interrogan acerca de su propio compromiso en favor de la *nueva evangelización*, para continuar la misión confiada a los Apóstoles y en la que todo cristiano, en virtud de su bautismo y de su pertenencia a la comunidad eclesial, está llamado a participar.

La vocación y el compromiso misionero de la Iglesia brotan del misterio central de nuestra fe: la Pascua. En efecto, «al atardecer de aquel día», se presentó Jesús en medio de los discípulos, atrincherados tras las puertas cerradas «por miedo a los judíos» (*Jn* 20,19).

Después de haber manifestado su amor sin límites abrazando la cruz y ofreciéndose en sacrificio de redención por todos los hombres –él mismo había dicho: «Nadie tiene mayor amor que el que da su vida por sus amigos» (*Jn* 15, 13)–, el Maestro divino vuelve a los suyos, a los que había amado más intensamente y con los que había pasado su vida terrena.

Es un encuentro extraordinario, en el que sus corazones

se sienten felices por tener nuevamente presente a Cristo, después de los acontecimientos de su trágica pasión y de su gloriosa resurrección. «Los discípulos se alegraron de ver al Señor» (*Jn* 20,20).

Encontrarse con él inmediatamente después de su resurrección, significó para los Apóstoles comprobar que su mensaje no era falso, que sus promesas no habían quedado escritas en la arena. Él, vivo y resplandeciente de gloria, constituye la prueba del amor todopoderoso de Dios, que cambia radicalmente el curso de la historia y de nuestra existencia.

El encuentro con Jesús es, por tanto, un acontecimiento que da sentido a la existencia del hombre y la trastorna, abriendo el alma a horizontes de auténtica libertad.

También nuestro tiempo se coloca *después de la Resurrección*. Es «el tiempo favorable», «el día de la salvación» (*2 Co* 6,2).

El Resucitado vuelve a nosotros con la plenitud de la alegría y con una sobreabundante riqueza de vida. La esperanza se convierte en certeza, porque, si él ha vencido a la muerte, también nosotros podemos esperar triunfar un día en la plenitud de los tiempos, contemplando de modo definitivo a Dios.

Pero el encuentro con el Señor resucitado no refleja sólo un momento de alegría individual. Es, más bien, una ocasión en que se manifiesta en toda su amplitud la llamada que ha recibido todo ser humano. Fuertes en la fe en Cristo resucitado, estamos todos invitados a abrir de par en par las puertas de la vida, sin miedos ni titubeos, para acoger la Palabra, que es camino, verdad y vida (cf. *Jn* 14,6), y proclamarla valientemente al mundo entero.

La salvación, que se nos ha ofrecido, es un don que no se puede tener celosamente escondido. Es como la luz del sol, que por su misma naturaleza disipa las tinieblas; es como el agua de un manantial limpio, que brota incontenible del centro de la roca.

«Tanto amó Dios al mundo que dio a su Hijo único»

(*Jn* 3,16). Jesús, enviado por el Padre a la humanidad, da a todo creyente la plenitud de la vida (cf. *Jn* 10,10), como meditamos y proclamamos con ocasión de la reciente Jornada de Denver.

Su Evangelio debe hacerse *comunicación* y misión. La vocación misionera compromete a todo cristiano, se convierte en la esencia misma de todo testimonio de fe concreto y vital. Se trata de una misión que brota del proyecto del Padre, designio de amor y de salvación que se realiza con la fuerza del Espíritu, sin el cual cualquier iniciativa apostólica nuestra está destinada al fracaso. Precisamente para que sus discípulos puedan realizar esa misión, Jesús les dice: «Recibid el Espíritu Santo» (*Jn* 20,22). Así transmite a la Iglesia su misma misión salvífica, para que el misterio pascual siga llegando a todo hombre, en todo tiempo, en cualquier latitud del planeta.

Sobre todo vosotros, los jóvenes, estáis llamados a convertiros en misioneros de esta nueva evangelización, dando a diario testimonio de la Palabra que salva.

Vosotros experimentáis personalmente las inquietudes de esta época de la historia, rica de esperanzas e incertidumbres, en la que a veces es fácil perder el camino que lleva al encuentro con Cristo.

Numerosas son, en efecto, las tentaciones de nuestros días, las seducciones que pretenden apagar la voz divina que resuena dentro del corazón de cada persona.

La Iglesia se presenta al hombre de nuestro siglo, a todos vosotros, queridos jóvenes que sentís hambre y sed de verdad, como compañera de viaje. Os ofrece el eterno mensaje evangélico y os confía una tarea apostólica exaltante: ser los protagonistas de la nueva evangelización.

Fiel guardiana e intérprete del patrimonio de fe que Cristo le transmitió, desea dialogar con las nuevas generaciones; quiere responder a sus necesidades y expectativas para buscar, en un diálogo franco y abierto, los sentimientos más oportunos para llegar a los manantiales de la salvación divina.

La Iglesia confía a los jóvenes la tarea de proclamar al mundo la alegría que brota de haberse encontrado con Cristo. Queridos amigos, dejaos seducir por Cristo; aceptad su invitación y seguidlo. Id y anunciad la buena nueva que redime (cf. *Mt* 28,19); hacedlo con la felicidad en el corazón y convertíos en *comunicadores de esperanza* en un mundo que a menudo sufre la tentación de la desesperación, *comunicadores de fe* en una sociedad que a veces parece resignarse a la incredulidad; y *comunicadores de amor* en medio de los acontecimientos diarios, con frecuencia marcados por la lógica del egoísmo más desenfrenado.

Para poder imitar a los discípulos que, impulsados por el soplo del Espíritu, proclamaron sin titubeos su fe en el Redentor que ama a todos y quiere que todos se salven (cf. *Hch* 2,22-24.32-36), es preciso convertirse en hombres nuevos, renunciando al hombre viejo que llevamos dentro y dejándonos renovar a fondo por la fuerza del Espíritu del Señor.

Cada uno de vosotros es enviado al mundo, especialmente a vuestros propios coetáneos, a comunicarles, con el testimonio de vuestra vida y vuestras obras, el mensaje evangélico de la reconciliación y la paz: «En nombre de Cristo os suplicamos: ¡reconciliaos con Dios!» (*2 Co* 5,20).

Esta reconciliación es, ante todo, el destino individual de todo cristiano que encuentra y renueva continuamente su propia identidad de discípulo del Hijo de Dios en la oración y en la participación en los sacramentos, especialmente en los de la penitencia y la Eucaristía.

Pero ese es también el destino de toda la familia humana. Ser hoy misioneros en medio de nuestra sociedad significa utilizar lo mejor posible los medios de comunicación para esa tarea religiosa y pastoral.

Si os convertís en ardientes comunicadores de la Palabra que salva y testigos de la alegría de la Pascua, seréis también constructores de paz en un mundo que busca esa paz como una utopía, olvidando a menudo sus raíces profundas. Las raíces de la paz, como bien sabéis, están dentro del corazón de cada uno, si sabe acoger el deseo del Redentor resucitado: «La paz con vosotros» (*Jn* 20,19).

Ante la cercanía del tercer milenio cristiano, a vosotros los jóvenes se os ha confiado de manera especial la tarea de convertiros en comunicadores de esperanza y artífices de paz (cf. *Mt* 5,9) en un mundo cada vez más necesitado de testigos creíbles y de anunciadores coherentes. Sabed hablar al corazón de vuestros coetáneos que tienen sed de verdad y felicidad, y buscan incesantemente a Dios, aunque a menudo sea de forma inconsciente.

...

Mensaje a los jóvenes y a las jóvenes del mundo para la IX y la X Jornada Mundial de la Juventud, Roma 21/11/1993

❖ ❖ ❖

«Gritarán las piedras»
(*Lc* 19,40)

Vosotros, los jóvenes, sabéis que las piedras gritan. Son mudas, pero tienen una elocuencia particular, su grito. Cualquiera que se encuentre en las cumbres de los montes, por ejemplo en las de los Alpes o el Himalaya, lo percibe. *La elocuencia, el grito de esos imponentes macizos es emocionante y hace que el hombre caiga de rodillas*, lo impulsa a volver a entrar en sí mismo y a dirigirse al Creador invisible. Esas piedras mudas hablan. Vosotros, los jóvenes, lo sabéis mejor que los demás, porque exploráis su misteriosa elocuencia realizando excursiones a las montañas más altas, a fin de realizar un esfuerzo que os sirva para emplear vuestras energías jóvenes.

Vosotros lo sabéis y por eso Cristo dice de vosotros: «Si éstos callan, gritarán las piedras» (*Lc* 19,40). Lo dice en el momento de su entrada mesiánica en Jerusalén, mientras algunos fariseos trataban de hacer que callara a esos jóvenes que gritaban: «¡Hosanna! ¡Bendito el que viene en nombre del Señor!» (*Mc* 11,9). Cristo respondió: «Si éstos callan, gritarán las piedras.» *Con esas palabras, amadísimos jóvenes, Jesús os ha lanzado un desafío. Y vosotros lo habéis aceptado.* Se trata de un desafío que se renueva, desde hace diez años, con ocasión del Domingo de Ramos, en el que vosotros, los jóvenes, os reunís en la plaza de San Pedro para repetir: «¡Hosanna! ¡Bendito el que viene en nombre del Señor!»

...

«Gritarán las piedras.» La piedra encierra una gran energía. En ella se manifiestan *las fuerzas de la naturaleza*, que elevan la corteza terrestre, formando cadenas de altas montañas. La piedra puede constituir una fuerza amenazadora. Pero, además de las rocas de las montañas, en las que se revela el misterio de la creación, hay también piedras que sirven al hombre para *las obras de su talento.* Basta pensar en todos los templos del mundo, en las catedrales góticas, en las obras del Renacimiento, como esta basílica de San Pedro, o en ciertos edificios sagrados de Extremo Oriente.

Hoy, sin embargo, os invito a visitar espiritualmente un templo específico: *el templo del Dios de la alianza en Jerusalén.* De él sólo ha quedado un pequeño fragmento, llamado *Muro de las Lamentaciones*, porque junto a sus piedras se reúnen los hijos de Israel, recordando la grandeza del antiguo santuario, en el que Dios habitó y que fue objeto de un sano orgullo por parte de todo Israel. Fue arrasado en el año 70 después de Cristo. Por eso, hoy, ese Muro de las Lamentaciones es tan elocuente para los hijos de Israel, y también para nosotros, porque sabemos que en ese templo Dios estableció realmente su morada, y el espacio vacío del Santo de los santos guardaba en su interior las tablas del Decálogo, que el Señor confió a Moisés en el Sinaí. Ese lugar santísimo estaba separado del resto del templo por un velo, que en el momento de la muerte de Cristo se rasgó de arriba abajo:

signo conmovedor de la presencia del Dios de la alianza en medio de su pueblo.

...

«Si éstos callan, gritarán las piedras.» En realidad, los jóvenes no callan. Contemplamos con asombro cómo gritan. No dejan que hablen sólo las piedras; no permiten que los templos del Dios vivo se conviertan en frías piezas de museo. Hablan a voz en grito. Hablan en los diversos lugares de la tierra, y su voz de ha de oír. Así sucede que, *gracias a su testimonio, los jóvenes discípulos de Jesús son para muchos una sorpresa.*

Eso aconteció precisamente el año pasado en *Denver*, Colorado, donde, con ocasión de una reunión tan numerosa de jóvenes de todo el mundo, se preveían excesos juveniles, o incluso casos de violencia y atropello, con lo que se hubiera dado más bien un antitestimonio. Se calculaba que eso iba a suceder, y por eso se tomaron las debidas precauciones. Para vosotros, queridos amigos, fue un desafío. Y lo aceptasteis y respondisteis con vuestro testimonio. Un testimonio vivo, con el que *habéis destruido los tópicos* según los cuales se os quería ver y juzgar. Habéis manifestado lo que de verdad sois y deseáis. Y vuestra voz ha resonado en la metrópoli americana que está al pie de las montañas Rocosas, de forma que tanto las cumbres de esas montañas como las gigantescas construcciones modernas debieron de asombrarse al oíros y veros como sois de verdad.

Por eso, amadísimos jóvenes, no os sorprenda que, después de la experiencia de Buenos Aires, Santiago de Compostela, Jasna Góra y Denver, hoy quiera hablaros con el mensaje que Cristo dejó a los Apóstoles en su misterio pascual. *Estamos entrando en la Semana Santa.* Iremos a Jerusalén, al cenáculo del Jueves Santo; subiremos al Gólgota; nos detendremos ante el sepulcro, en el silencio de la Vigilia pascual; y luego volveremos de nuevo al cenáculo para encontrarnos con el Resucitado, que nos repetirá lo que dijo a los Apóstoles, alegres por su presencia: «*Como el Padre me envió, también yo os envío*» (*Jn* 20,21).

«Los discípulos se alegraron de ver al Señor» (*Jn* 20,20), escribe el evangelista Juan. También vosotros os alegraréis viéndolo entre vosotros vivo, vencedor sobre la muerte, que no pudo triunfar sobre él. Os alegraréis oyendo las palabras que os dirigirá. Os alegraréis porque se fía de vosotros, porque tiene tanta confianza en vosotros que os dice, por medio de vuestros pastores: «Como el Padre me envió, también yo os envío.» *Vosotros esperáis que os envíe*, que os confíe su Evangelio, que os encomiende la salvación del mundo. Vuestros corazones jóvenes esperan oír del Redentor precisamente esas palabras.

El hombre debe tener la conciencia de ser enviado. Así lo dije el jueves pasado a los jóvenes de Roma. Sin esa conciencia, la vida humana se hace roma y polvorienta. *Ser enviado quiere decir tener una tarea por desempeñar*, una tarea comprometedora. Ser enviado quiere decir abrir los caminos a un bien grande, esperado por todos. Ser enviado quiere decir *estar al servicio de una causa suprema.*

Vosotros, los jóvenes, esperáis precisamente eso. Cristo desea encontrarse con vosotros y comprometeros en la gran misión que el Padre le confió. Es una misión que sigue viva y actual en el mundo, pero aún incompleta, siempre por realizar hasta el último día.

«*Ven conmigo a salvar al mundo, ya estamos en el siglo* XX»: así cantaban en Polonia los jóvenes, en los tiempos tan difíciles de la lucha por la verdad y la vida, que es Cristo, y por el camino que él señala (cf. *Jn* 14,6). Hoy, mientras este siglo XX se acerca a su fin, debemos pensar en el futuro, en el siglo XXI, en el tercer milenio. Este futuro os pertenece a vosotros. El futuro os pertenece. Sois los hombres y las mujeres del mañana. Y Cristo es «el mismo ayer, hoy y siempre» (*Hb* 13,8). Decid a todos vuestros coetáneos que él los espera y que únicamente él tiene palabras de vida eterna (cf. *Jn* 6,68). Decidlo a todos vuestros coetáneos.

Amén.

Homilía, plaza de San Pedro, Roma 27/3/1994

❖ ❖ ❖

Siguiendo a Cristo os convertís en signo de esperanza para el futuro del mundo y de la Iglesia

Queridos jóvenes amigos:

La entronización de Nuestra Señora de Antipolo nos invita a mirar a María para saber cómo responder a la llamada de Jesús. Ante todo, ella conservaba todas la cosas, y las meditaba en su corazón. También fue de inmediato a ayudar a su prima Isabel. Ambas actitudes son parte esencial de nuestra respuesta al Señor: *oración y acción*. Esto es lo que la Iglesia espera de vosotros, los jóvenes. Esto es lo que he venido a pediros aquí. María, Madre de la Iglesia y Madre nuestra, nos ayudará a escuchar a su Hijo divino.

«Como el Padre me envió, también yo os envío.» Estas palabras están dirigidas a vosotros. La Iglesia las dirige a todos los jóvenes del mundo, pero hoy de modo especial a *los jóvenes de Filipinas*, y a los jóvenes de China, de Japón, de Corea y de Vietnam; a los jóvenes de Laos y de Camboya; a los jóvenes de Malaisia, Papúa Nueva Guinea e Indonesia; a los jóvenes de la India y de las islas del océano Índico; a los jóvenes de Australia y Nueva Zelanda, y de las islas del vasto Pacífico.

Hijos e hijas de esta parte del mundo, donde habita la mayor parte de la familia humana, estáis llamados a la misma misión y al mismo desafío a que Cristo y la Iglesia llaman a los jóvenes *de todos los continentes*: a los jóvenes de Oriente Medio, de Europa del este y del oeste; de América del norte, del centro y del sur; y de África. *A cada uno de vosotros Cristo dice: «Yo os envío.»*

¿Por qué os envía? Porque los hombres y mujeres de todo el mundo, del norte y del sur, del este y oeste, anhelan la auténtica liberación y realización. Los pobres claman justicia y solidaridad; los oprimidos exigen libertad y dignidad; los ciegos suplican luz y verdad (cf. *Lc* 4,18). Vosotros no habéis sido enviados a proclamar alguna verdad abstracta. El Evangelio no es una teoría ni una ideología. *El Evangelio es vida.* Vuestra tarea consiste en dar testimonio de esta vida: la vida de los hijos e hijas adoptivos de Dios. El hombre moderno, sea o no sea consciente de ello, tiene una urgente necesidad de esta vida, como hace dos mil años la humanidad tenía necesidad de la venida de Cristo; como la gente seguirá teniendo siempre necesidad de Jesucristo hasta el final de los tiempos.

¿Por qué tenemos necesidad de él? Porque Cristo revela la verdad sobre el hombre, y sobre la vida y el destino del hombre. Él nos muestra nuestro lugar ante Dios, como criaturas y pecadores, como redimidos por su muerte y su resurrección, como peregrinos hacia la casa del Padre. Nos enseña el mandamiento fundamental del amor a Dios y del amor al prójimo. Insiste en el hecho que no puede existir justicia, hermandad, paz y solidaridad sin los diez mandamientos de la alianza, revelados a Moisés en el monte Sinaí y confirmados por el Señor en el monte de las bienaventuranzas (cf. *Mt* 5,3-12) y en su diálogo con el joven (cf. *Mt* 19,16-22).

La verdad sobre el hombre, que el hombre moderno tiene tanta dificultad para comprender, es que hemos sido creados a imagen y semejanza de Dios mismo (cf. *Gn* 1,27) y precisamente en este hecho, dejando aparte cualquier otra consideración, estriba *la dignidad inalienable de todo ser humano*, sin excepción, desde el momento de su concepción hasta su muerte natural. Pero lo que resulta aún más difícil de comprender para la cultura contemporánea es que esa dignidad, ya forjada en el acto creativo de Dios, ha sido elevada hasta una altura inconcebible en el misterio de la encarnación del Hijo de Dios. Éste es el mensaje que debéis proclamar al mundo moderno: sobre todo a los más desvalidos, a los que carecen de casa, a los marginados, a los enfermos, a los abandonados, a los que sufren por culpa de los demás. A cada uno debéis decirle: mira a Jesucristo para ver *lo que realmente eres a los ojos de Dios.*

Se está prestando cada vez más atención a la causa de la dignidad humana y los derechos humanos, y poco a poco éstos se van codificando e incluyendo en las legislaciones, tanto a nivel nacional como internacional. Eso es algo digno de elogio. Pero la efectiva y segura observancia del respeto a la dignidad humana y a los derechos humanos será imposible si las personas y las comunidades no superan los intereses egoístas, el miedo, el ansia y la sed de poder. Por este motivo, el hombre necesita ser liberado del dominio del pecado, por la vida de gracia: la gracia de nuestro Señor y salvador Jesucristo.

Jesús os dice: «Os envío a vuestras familias, a vuestras parroquias, a vuestros movimientos y asociaciones, a vuestros países, a las antiguas culturas y a la civilización moderna, para que proclaméis la *dignidad de todo ser humano, como la he revelado yo, el Hijo del hombre.*» Si defendéis la inalienable dignidad de todo ser humano, revelaréis al mundo el auténtico rostro de Jesucristo, que se identifica con todo hombre, con toda mujer y con todo niño, aunque sean pobres, débiles o minusválidos.

¿Cómo os envía Jesús? No os promete ni espada ni dinero ni poder ni nada de lo que los medios de comunicación social hacen atractivo para la gente de hoy. Por el contrario, os da la gracia y la verdad. Os envía con el poderoso mensaje de su misterio pascual, con la verdad de su cruz y su resurrección. Esto es todo lo que os da, y todo lo que necesitáis.

Esta gracia y esta verdad, a su vez, os infundirán *valentía.* Seguir a Cristo siempre ha exigido valentía. Los Apóstoles, los mártires, enteras generaciones de misioneros, santos y confesores, conocidos y desconocidos, en todas partes del mundo, han tenido la fuerza para permanecer firmes frente a la incomprensión y la adversidad. Eso es verdad también aquí en Asia. Entre todos los pueblos de este continente, los cristianos han pagado el precio de su fidelidad, y ésta es la fuente segura de la confianza de la Iglesia.

¿Qué esperan la Iglesia y el Papa de los jóvenes de la X Jornada Mundial de la Juventud? *Que deis testimonio de Jesucristo.* Y que aprendáis a proclamar todo lo que el mensaje de Cristo contiene para la auténtica liberación y el verdadero progreso de la humanidad. Esto es lo que Cristo espera de vosotros. Esto es lo que la Iglesia pide a los jóvenes de Filipinas, de Asia, del mundo. De este modo, vuestras culturas descubrirán que habláis un lenguaje que ya ha resonado de alguna manera en las antiguas tradiciones de Asia: el lenguaje de la auténtica paz interior y de la plenitud de vida, ahora y para siempre.

Dado que Cristo os dice: *«Yo os envío»*, os convertís en signo de esperanza y objeto de nuestra confianza en el futuro. De modo especial, vosotros, jóvenes de la X Jornada Mundial de la Juventud, sois signo, *epifanía* de Jesucristo, manifestación del reino de Dios.

Señor Jesucristo, San Juan escribe que la vida que das es «luz de los hombres» (*Jn* 1,4). Ayuda a estos jóvenes, chicos y chicas, a llevar consigo la luz a todos los lugares de donde han venido. Que su luz brille para todos los pueblos (cf. *Mt* 5,16): para sus familias, para sus culturas y sociedades, para sus sistemas económicos y políticos, para todo el orden internacional.

Al entrar en la habitación en que los discípulos se hallaban reunidos, después de tu resurrección, les dijiste: *«La paz esté con vosotros»* (*Jn* 20,21). Haz que estos jóvenes *sean portadores de tu paz.* Enséñales el significado de lo que dijiste en el Sermón de la Montaña: *«Bienaventurados los que trabajan por la paz, porque ellos serán llamados hijos de Dios»* (*Mt* 5,9).

Envíalos como el Padre te envió a ti: a liberar del miedo y del pecado a sus hermanos y hermanas; para la gloria de nuestro Padre celestial. Amén.

Vigilia, Manila 14/1/1995, parte III

NOTAS

1. *1 Cor* 7,31.
2. *Col* 3,1.
3. *Rom* 5,5.
4. Cf. *Mt* 5,3-12,
5. *Mt* 19,21.
6. Cf. *Mc* 10,21; *Jn* 1,43; 21,23.
7. Cf. *Mt* 19,12.
8. *Mt* 9,37.
9. *Mt* 9,37 s.
10. Cf. Conc. Ecum. Vat. II, Constit. dogmática *Lumen gentium*, sobre la Iglesia, 39-42.
11. Cf. Conc. Ecum. Vat. II, Constit. pastoral *Gaudium et spes*, sobre la Iglesia en el mundo actual, 43-44.
12. Conc. Ecum. Vat. II, Constit. dogmática *Lumen gentium*, sobre la Iglesia, 1.
13. *Jn* 4, 10.

4

CONSTRUIR EN ESTE MUNDO LA CIVILIZACIÓN DEL AMOR

El gran desafío del futuro

La Iglesia mira a los jóvenes; es más, la Iglesia de manera especial *se mira a sí misma en los jóvenes*, en todos vosotros y a la vez en cada una y cada uno de vosotros. Así ha sido desde el principio, desde los tiempos apostólicos. Las palabras de San Juan en su *primera Carta* pueden ser un singular testimonio: «Os escribo, *jóvenes*, porque *habéis vencido al maligno.* Os he escrito a vosotros, hijos míos, porque *conocéis* al Padre... Os he escrito, jóvenes, porque *sois fuertes* y la Palabra de Dios *permanece en vosotros*».[1]

Las palabras del Apóstol se suman a la conversación evangélica de Cristo con el joven, y resuenan con un eco potente *de generación en generación.*

En nuestra generación, al final del segundo milenio después de Cristo, también la Iglesia se mira a sí misma en los jóvenes. Y *¿cómo se mira a sí misma la Iglesia?* Sea un testimonio particular de ello la enseñanza del Concilio Vaticano II. La Iglesia se ve a sí misma como «*un sacramento*, o sea, signo e instrumento *de la unión íntima con Dios y de la unidad de todo el género humano*».[2] Y por tanto se ve a sí misma en las dimensiones universales. Se ve a sí misma *en el camino del ecumenismo*, es decir, de la unión de todos los cristianos, por la que Cristo mismo oró y que es de una urgencia indiscutible en nuestro tiempo. Se ve a sí misma también en el diálogo con los seguidores de las *religiones no cristianas* y con todos los hombres de buena voluntad. Tal diálogo es un diálogo de salvación, el cual debe favorecer también la paz en el mundo y la justicia entre los hombres.

Vosotros, jóvenes, sois la esperanza de la Iglesia que precisamente de este modo se ve a sí misma y ve *su misión en el mundo*. Ella os habla de esta misión. Ello ha sido expresado en el reciente Mensaje del 1 de enero de 1985, para la celebración de la Jornada mundial de la Paz. *Este Mensaje* ha sido dirigido precisamente a vosotros con la convicción de que «el camino de la paz es a la vez el camino de los jóvenes» *(La paz y los jóvenes caminan juntos)*. Esta convicción es una llamada y al mismo tiempo un compromiso; una vez más se trata de estar «siempre prontos para dar razón de vuestra esperanza a todo el que os la pidiere», sobre la esperanza que está unida a vosotros. Como véis, esta esperanza mira hacia cuestiones fundamentales y a la vez universales.

Todos vivís cada día con vuestros seres queridos. Sin embargo, este círculo *se amplía* gradualmente. Un número cada vez mayor de personas participa en vuestra vida, y vosotros mismos descubrís los indicios de una comunión que os une a ellos. Casi siempre ésta es una *comunidad*, de alguna manera *diferenciada*. Es diferenciada, como entreveía y declaraba el Concilio Vaticano II en su Constitución dogmática sobre la Iglesia y en la Constitución pastoral sobre la Iglesia en el mundo actual. Vuestra juventud se forma a veces en ambientes *uniformes* desde el punto de vista de las confesiones, a veces *diferenciados* en lo religioso o incluso al límite entre fe y no creencia, ya sea bajo forma de agnosticismo o de ateísmo presentado de diversos modos.

Sin embargo, parece que ante algunos problemas estas múltiples y diferenciadas comunidades de jóvenes sienten, piensan y reaccionan de manera *muy parecida*. Por ejemplo, parece que los une a todos ellos una actitud similar ante el hecho de que centenares de miles de hombres viven en extrema miseria e incluso mueren de hambre, mientras simultáneamente se emplean cifras vertiginosas en la producción de armas nucleares, cuyos arsenales ya en el momento presente son capaces de provocar la autodestrucción de la humanidad. Hay también otras *tensiones y amenazas* parecidas, a escala hasta ahora desconocida en la historia de la humanidad. De esto se habla en el citado Mensaje de Año Nuevo; por tanto, no repito tales problemas. Todos somos conscientes de que en el horizonte de la existencia de miles de millones de personas, que forman la familia humana de finales del segundo milenio después de Cristo, parece perfilarse *la posibilidad de calamidades y de catástrofes* de una magnitud verdaderamente apocalíptica.

En tal situación vosotros, jóvenes, podéis preguntar justamente a las generaciones anteriores: ¿Por qué se ha llegado a esto? ¿Por qué se ha alcanzado tal grado de amenaza contra la humanidad en nuestro planeta? *¿Cuáles son las causas* de la injusticia que hiere nuestra vista? *¿Por qué tantos* mueren de hambre? ¿Por qué *tantos* millones de prófugos en diversas fronteras? *¿Tantos* casos en los que son vilipendiados los derechos elementales del hombre? *¿Tantas* cárceles y campos de concentración, *tanta* violencia sistemática y muertes de personas inocentes, *tantos* maltratamientos al hombre y torturas, *tantos* tormentos infligidos a los cuerpos humanos y a las conciencias humanas? En medio de todo esto encontramos también hombres aún jóvenes, que tienen sobre la conciencia tantas víctimas inocentes, porque se les ha inculcado la convicción de que sólo por este medio *–el del terrorismo programado–* se puede mejorar el mundo. Vosotros una vez más preguntáis: *¿Por qué?*

Vosotros, jóvenes, podéis preguntaros todo esto, es más, debéis hacerlo. Se trata, ciertamente, del mundo en que vivís *hoy*, y en el que deberéis vivir *mañana*, cuando la generación de edad más madura habrá pasado. Con razón, pues, preguntáis: ¿Por qué un *progreso* tan grande de la humanidad –que no puede compararse con ninguna época anterior de la historia– en el campo de la ciencia y de la técnica; por qué *el progreso* en el dominio de la materia por parte del hombre se dirige en tantos aspectos *contra el hombre*? Justamente preguntáis también, aun con miedo interior: ¿Es quizá irreversible este estado de cosas? *¿Puede ser cambiado? ¿Podremos cambiarlo nosotros?*

Vosotros preguntáis justamente esto. Sí, es ésta la pregunta fundamental en el ámbito de vuestra generación.

De este modo continúa *vuestro coloquio con Cristo*, iniciado un día en el Evangelio. Aquel joven preguntaba: «¿Qué debo hacer para alcanzar la vida eterna?» Y vosotros preguntáis *siguiendo la corriente de los tiempos* en los que os encontráis por ser jóvenes: ¿Qué debemos hacer para que la vida –la vida floreciente de la humanidad– no se transforme en el cementerio de la muerte nuclear? *¿Qué debemos hacer* para que no domine sobre nosotros el pecado de la injusticia universal, el pecado del desprecio del hombre y el vilipendio de su dignidad, a pesar de tantas declaraciones que confirman todos sus derechos? *¿Qué debemos hacer?* Y aún más: *¿Sabremos hacerlo?*

Cristo responde, al igual que respondía a los jóvenes de la primera generación de la Iglesia, con las palabras del Apóstol: «Os escribo, jóvenes, porque *habéis vencido al maligno*. Os he escrito a vosotros, hijos míos, porque *conocéis al Padre*... Os he escrito, jóvenes, porque *sois fuertes* y la Palabra de Dios permanece en vosotros.» [3] Las palabras del Apóstol, de hace casi dos mil años, son también una respuesta para hoy. Expresan el sencillo y fuerte *lenguaje de la fe*, que lleva consigo la victoria contra el mal que hay en el mundo: «Ésta es la victoria que ha vencido al mundo, nuestra fe.» [4] Estas palabras están llenas de la *experiencia apostólica* –y de las generaciones cristianas sucesivas– *de la cruz y de la resurrección de Cristo*. En esta experiencia se ratifica todo el Evangelio. Se ratifica, entre otras cosas, la verdad contenida en el coloquio de Cristo con el joven.

Detengámonos, pues –al final de la presente Carta– *en estas palabras apostólicas*, que son a la vez una ratificación y un desafío para vosotros. Son también una respuesta.

Palpita en vosotros, en vuestros corazones jóvenes, *el deseo de una auténtica hermandad entre todos los hombres*, sin divisiones, contraposiciones o discriminaciones. ¡Sí! El deseo de una hermandad y de una múltiple solidaridad lo lleváis con vosotros, jóvenes, y *no* deseáis ciertamente la recíproca *lucha del hombre contra el hombre* bajo forma alguna. Este deseo de hermandad –¡el hombre es prójimo para el hombre! ¡El hombre es hermano para el hombre!–, ¿no *atestigua quizá el hecho de que «habéis conocido al Padre»*, como escribe el Apóstol? Porque los hermanos están sólo donde hay un padre. Y sólo *donde está el Padre, los hombres son hermanos.*

Si lleváis, pues, en vosotros mismos el deseo de la hermandad, ello significa que «la Palabra de Dios permanece en vosotros». Permanece en vosotros la doctrina que Cristo ha traído y que justamente tiene el nombre de «Buena Nueva». Y permanece en vuestros labios, o al menos está grabada en vuestros corazones, *la oración* del Señor, que empieza *con las palabras* «Padrenuestro». La oración que revela al Padre, ratifica al mismo tiempo que los hombres son hermanos; y *se opone* en todo su contenido a los *programas* construidos *según un principio de lucha* del hombre contra el hombre de cualquier forma. La oración del «Padrenuestro» aleja los corazones humanos de la enemistad, del odio, de la violencia, del terrorismo, de la discriminación, de las situaciones en que la dignidad humana y los derechos humanos son conculcados.

El Apóstol escribe que vosotros, jóvenes, *sois fuertes con la doctrina divina*, la doctrina que está contenida en el Evangelio de Cristo y se resume en la oración del «Padrenuestro». ¡Sí! Sois fuertes con esta enseñanza divina, sois fuertes con esta oración. Sois fuertes, *porque ella infunde en vosotros el amor*, la benevolencia, el respeto del hombre, de su vida, de su dignidad, de su conciencia, de sus convicciones y de sus derechos. Si «habéis conocido al Padre», sois fuertes con la fuerza de la hermandad humana.

Sois también fuertes *en la lucha; no una lucha contra el hombre*, en nombre de cualquier ideología o práctica alejada de las raíces mismas del Evangelio, sino fuertes *en la lucha contra el mal*, contra el verdadero mal; contra todo lo que ofende a Dios, contra toda injusticia y toda explotación, contra toda falsedad y mentira, contra todo lo que ofende y humilla, contra todo lo que profana la convivencia humana y las relaciones humanas, contra todo crimen que atenta a la vida: contra todo pecado.

El Apóstol escribe: *«¡Habéis vencido al maligno!»* Es así. Conviene remontarse constantemente *a las raíces del mal y del pecado* en la historia de la humanidad y del universo, como Cristo se remontó a estas mismas raíces en su misterio pascual de la cruz y de la resurrección. No hay que tener miedo de llamar por su nombre *al primer artífice del mal: al maligno*. La táctica que él usaba y usa consiste en *no revelarse*, a fin de que el mal, sembrado por él desde el principio, reciba su desarrollo por parte del hombre, de los sistemas mismos y de las relaciones interhumanas, entre las clases y entre las naciones... para hacerse también cada vez más *pecado «estructural»*, y dejarse identificar cada vez menos como *pecado «personal»*. Por tanto, a fin de que el hombre se sienta en cierto sentido «liberado» del pecado y al mismo tiempo esté cada vez más sumido en él.

El Apóstol dice: «Jóvenes, sed fuertes»; *hace falta solamente que «la Palabra de Dios permanezca en vosotros»*. Entonces, sed fuertes. Así podréis llegar a los mecanismos ocultos del mal, a sus raíces, y así conseguiréis *cambiar el mundo* gradualmente, transformarlo, hacerlo *más humano*, *más fraterno*, y al mismo tiempo, *más según Dios*. En efecto, no se puede separar el mundo de Dios y contraponerlo a Dios en el corazón humano. Ni se puede separar al hombre de Dios y contraponerlo a Dios. Esto sería contra la naturaleza del mundo y contra la naturaleza del hombre, *contra la verdad intrínseca que constituye toda la realidad.* Verdaderamente el corazón del hombre está inquieto, hasta que no descansa en Dios. Estas palabras del gran Agustín nunca pierden su actualidad.[5]

Carta apostólica a los jóvenes y a las jóvenes del mundo, Roma 31/3/1985, párr. 15

❖ ❖ ❖

> «Nosotros hemos conocido el amor que Dios nos tiene y hemos creído en él»
>
> (*1 Jn* 4,16)

Muy queridos jóvenes:

¡Qué alegría poder reunirme con vosotros esta tarde.

He venido a descansar un poco con vosotros, queridos jóvenes. He venido a escucharos, a conversar con vosotros, a rezar juntos. Quiero repetiros, una vez más –como os dije desde el primer día de mi pontificado– que «sois la esperanza del Papa», «sois la esperanza de la Iglesia». ¡Cómo he sentido vuestra presencia y amistad en estos años de mi ministerio universal a la Iglesia! Vuestro cariño y vuestras oraciones no han cesado de apoyarme en el cumplimiento de la misión que he recibido de Cristo.

Hoy estáis aquí, jóvenes procedentes de todo el mundo: de las diversas regiones de Argentina, de América Latina, de todos los continentes; de distintas Iglesias particulares, de asociaciones y movimientos internacionales. Os saludo con todo mi afecto, y en vosotros saludo también a todos los jóvenes del mundo, ya que a todos alcanza el amor que Dios nos tiene.

El lema de esta Jornada mundial, tomado de la primera Carta del Apóstol San Juan, nos muestra la fe de los primeros cristianos, y en particular la fe de este Apóstol, que siguió al Señor desde su juventud, creciendo en esa fe y en ese amor hasta su vejez. Precisamente hacia el final de sus días en la tierra, escribía: «Nosotros hemos conocido el amor que Dios nos tiene y hemos creído en Él. Dios es amor, y quien permanece en el amor, permanece en Dios y Dios en él» *(ib.)*. Es un testimonio conmovedor de esa que también llamamos *juventud cristiana del espíritu*, que consiste en permanecer siempre fieles al amor de Dios. La unión con Dios nos hace crecer cada día en esa juventud. En cambio, lo que nos separa de Dios –el pecado y todas sus consecuencias– es camino de envejecimiento interior, de anquilosamiento y torpeza para conocer y vivir la constante novedad del amor de Dios, que se nos ha revelado en Cristo.

Me dirijo ahora especialmente a vosotros, queridos jóvenes argentinos, que sois la gran mayoría de los aquí presentes. Os doy las gracias en nombre de todos, por vuestro intenso trabajo de preparación de la Jornada y por la cordialidad de vuestra acogida juvenil.

En esta primera parte de nuestro encuentro habéis querido reflejar vuestras preocupaciones e inquietudes, vuestros deseos y aspiraciones. Sé que estáis decididos a superar las dolorosas experiencias recientes de vuestra patria, oponiéndoos a cuanto atente contra una convivencia fraterna de todos los argentinos, basada en los valores de la paz, de la justicia y de la solidaridad. Que el hermano no se enfrente más al hermano; que no vuelva a haber más ni secuestrados ni desaparecidos; que no haya lugar para el odio, la violencia; que la dignidad de la persona humana sea siempre respetada. Para hacer realidad estos afanes de reconciliación nacional, el Papa os llama a comprometeros personalmente, desde vuestra fe en Cristo, en la construcción de una nación de hermanos, hijos de un mismo Padre que está en los cielos. Os invito a renovar ese compromiso que ya formulasteis –junto con vuestros obispos– en la gran concentración juvenil de Córdoba, en septiembre de 1985. Ahora lo hacéis con el Sucesor de Pedro, que ha venido para confirmar vuestra fe y asegurar vuestra esperanza.

Agradeced al Señor el *patrimonio de fe injertado en el dinamismo nacional y popular de Argentina*. A vosotros toca asumir la responsabilidad de que ese patrimonio de fe vivifique vuestra generación, y muestre así su permanente vitalidad y actualidad en Cristo. Para ello, es necesario que todos vosotros –cada uno y cada una– responda con generosidad a la voz de Jesús, que hoy sigue diciéndonos, como al principio de su predicación en Israel: *Convertíos y creed en el Evangelio* (*Mc* 1,15). El Señor nos dirige una llamada vibrante y persuasiva a *la conversión personal*, que transforme toda nuestra existencia, de modo que ya no vivamos para nosotros mismos, sino para Aquel que nos amó y se entregó a Sí mismo por nosotros (cf. *Gál* 2,20).

La fidelidad a Cristo requiere conocerlo y tratarlo –como Maestro y Amigo–, con hondura y perseverancia. La lectura frecuente de la Sagrada Escritura –y en especial de los Evangelios–; el estudio serio de la doctrina de Cristo, enseñada con autoridad por su Iglesia; la frecuencia de sacramentos; y la conversación diaria con Jesús en la intimidad de vuestra oración, serán cauces privilegiados para que progreséis en un conocimiento vivo de Cristo y de su mensaje de salvación.

Si al considerar este panorama de conversión en la fe y en el amor, sentís el peso de vuestros pecados y limitaciones, volved a poner vuestra confianza en Cristo, que jamás nos abandona. Contáis con la gracia de los sacramentos que ha dejado a su Iglesia, y en particular con la abundancia del perdón divino, que se nos confiere en la penitencia sacramental.

Pensad que el Señor cuenta con vuestra vida de fe –manifestada en obras y palabras– para hacerse presente en vuestra patria. El Señor mira con cariño y bendice todas vuestras iniciativas y actividades apostólicas, personales y asociadas, que, en comunión con la Iglesia y sus Pastores, deben contribuir decisivamente a dar una respuesta cristiana a los más profundos interrogantes de vuestra generación. De vosotros depende una renovada vitalidad del Pueblo de Dios en estas tierras, para bien de toda esta querida nación y del mundo entero.

Os invito ahora a cada uno personalmente, a que dirijáis una confiada y sincera petición a Dios, como aquel ciego de Jericó que dijo a Jesús: «*Señor que vea*» (*Lc* 18,41). ¡Que vea yo, Señor, cuál es tu voluntad para mí en cada momento, y sobre todo que vea en qué consiste ese *designio de amor para toda mi vida*, que es mi *vocación*. Y dame generosidad para decirte que sí y serte fiel, en el camino que quieras indicarme: como sacerdote, como religioso o religiosa, o como laico que sea sal y luz en mi trabajo, en mi familia, en todo el mundo.

Poned esta petición en manos de Santa María, nuestra Madre. Como atestiguáis en vuestras peregrinaciones a su santuario de Luján y a tantos otros santuarios de Argentina, Ella es la que os guía y conforta en esa peregrinación mediante la fe a la que el Amor de Dios os ha destinado.

«Levántate y anda» (*Mt* 4,16).

Gracias, queridos jóvenes, porque en vuestra representación de la realidad latinoamericana habéis querido haceros eco de la invitación a la esperanza que proviene de Cristo. Sí, también yo quiero repetir con vosotros: «¡América Latina: sé tú misma! Desde tu fidelidad a Cristo, resiste a quienes quieren ahogar tu vocación de esperanza» (*Discurso*, 11 de octubre de 1984).

En estas palabras, he querido expresar también por qué es América Latina el *«continente de la esperanza»*: por la *fidelidad a Cristo*, que este continente expresa en la gran mayoría de sus habitantes, por su fidelidad a la *única esperanza*, que es la cruz de Cristo.

Salve, oh cruz, nuestra única esperanza (Himno de Vísperas de Semana Santa).

Una esperanza que es única y *universal*. Dios Padre, en efecto, quiso que en Cristo «habitase toda la plenitud. Y quiso también, por medio de él, reconciliar consigo todas las cosas, tanto las de la tierra como las del cielo, pacificándolas por la sangre de su cruz» (*Col* 1,19-20). América Latina es, pues, un continente que ve en la cruz del Señor la potencia redentora capaz de renovarlo todo, purificando y ordenando al reino de Cristo todo el cosmos creado. Esta honda persuasión me llevó el 12 de octubre de 1984, a entregar a los presidentes de las Conferencias Episcopales de este continente sendas reproducciones de aquella primera cruz, clavada en tierra americana. Quería, con ese gesto, despertar una nueva evangelización, que demuestre la fuerza de la cruz en la renovación de todo hombre y de todas las realidades que forman parte de su existencia.

Hoy preside este encuentro la gran cruz que encabezó todas las ceremonias del Año Santo de la Redención, y que el Domingo de Resurrección entregué a un grupo de jóvenes, diciéndoles: «Queridísimos jóvenes, al final del Año Santo os confío el signo mismo de este Año Jubilar. ¡La cruz de Cristo! Llevadla por el mundo como señal del amor de nuestro Señor Jesucristo a la humanidad, y anunciad a todos que sólo en Cristo muerto y resucitado está la salvación y la redención.» Al dirigirme ahora a vosotros, jóvenes latinoamericanos, quiero recordaros que sois –a la sombra de la cruz de Cristo– protagonistas de una doble esperanza: por vuestra *juventud*, esperanza de la Iglesia; y por ser de *Latinoamérica*, continente de la esperanza. Y todo ello os confiere una particular responsabilidad, ante la Iglesia y ante toda la humanidad. ¡Espero mucho de vosotros!

Espero, sobre todo, que renovéis vuestra fidelidad a Jesucristo y a su cruz redentora. Pensad, en primer lugar, que ese mismo sacrificio redentor de Cristo se actualiza sacramentalmente en cada Misa que se celebra, quizá muy cerca de vuestros lugares de estudio y de trabajo. No es Jesús, por tanto, Alguien que ha dejado de actuar en nuestra historia. ¡No! *¡Él vive!* Y continúa buscándonos a cada uno para que nos unamos a Él cada día en la Eucaristía, también, si es posible, acercándonos –con el alma en gracia, limpia de todo pecado mortal– a la comunión.

Pensad también en aquellas serias palabras que el Señor dirigió a sus discípulos: «Si alguno quiere venir en pos de mí, niéguese a sí mismo, tome su cruz cada día y sígame» (*Lc* 9,23). Quiero haceros notar que esa *cruz de cada día* es especialmente vuestra lucha cotidiana por ser buenos cristianos, que os hace colaboradores en la obra de la redención de Cristo; de esta manera, contribuís a llevar a cabo la reconciliación de todos los hombres y de toda la creación con Dios. Es un hermoso programa de vida, pero que exige generosidad. Considerad entonces cómo ha de ser vuestra vida; porque si Cristo nos ha redimido *muriendo* en un madero, no sería coherente que vosotros le respondierais con una vida mediocre. Se requiere esfuerzo, sacrificio, tenacidad; sentir el cansancio de esa cruz que pesa sobre nuestras espaldas diariamente.

Pensad que esa donación de sí mismo exige *la abnegación*, la negación de nosotros mismos y la afirmación del designio salvador del Padre. Exige gastar la vida, hasta perderla si es preciso, por Cristo. Son éstos, en efecto, los términos en que Cristo se dirige a cada uno de nosotros: «Quien quiera salvar su vida la perderá; pero quien pierda la vida por mí, ése la salvará» (*Lc* 9,24). Quien se dedica sólo a sus propios gustos o ambiciones, por muy nobles que a primera vista pudieran parecer, estaría queriendo *salvar su vida* y, por tanto, alejándose de Cristo. Habéis de actuar entonces como Jesús en la cruz, con ese amor supremo del que da «la vida por los amigos» (*Jn* 15,13). ¡Agrandad vuestro corazón! Sentid las necesidades de todos los hombres, especialmente de los más indigentes; tened ante vuestros ojos todas las formas de miseria –material y espiritual– que padecen vuestros países y la humanidad entera; y dedicaos luego a buscar y poner por obra soluciones reales, solidarias, radicales, a todos esos males. Pero buscad, sobre todo, servir a los hombres como Dios quiere que sean servidos, sin buscar en ello sólo la recompensa o dejándoos llevar por intereses egoístas.

Os pido, pues, en nombre del Señor, que renovéis hoy esa *fidelidad a Cristo* que hace de vuestra tierra el «continente de la esperanza». He querido señalaros los ejes de ese compromiso con Cristo: la Eucaristía, el sacrificio en vuestra conducta cotidiana, la abnegación de la propia persona.

Os acompañe María, Esperanza nuestra, la Virgen de Guadalupe, Patrona de América Latina.

Queridos jóvenes de todo el mundo:

Al término de nuestro encuentro, vuelvo a repetir, una vez más, el lema de esta Jornada: «Nosotros hemos conocido el amor que Dios nos tiene y hemos creído en él» (*1 Jn* 4,16).

Quisiera que vuestras vidas estuvieran siempre informadas por esta gran verdad: *«Dios es amor» (ib.)*. Una verdad que se ha revelado, más que con palabras, con hechos. Un amor que renueva al hombre desde dentro y lo convierte, de pecador y rebelde, en siervo bueno y fiel (cf. *Mt* 25,21). Una realidad de la que vosotros debéis dar constante testimonio, pues «el que permanece en el amor, permanece en Dios y Dios en él» (*1 Jn* 4,16). Permaneced en Dios, proclamando su amor, con la fidelidad a su plan de salvación y la generosidad del servicio, con serenidad y fortaleza, con profundidad en vuestra oración y capacidad de renunciamiento, con rectitud de vida y alegría de donación. Así daréis testimonio, con obras más que con palabras, de que Dios es amor.

Me habéis preguntado cuál es el problema de la humanidad que más me preocupa. Precisamente éste: pensar en los hombres que aún no conocen a Cristo, que no han descubierto la gran verdad del amor de Dios. Ver una humanidad que se aleja del Señor, que quiere crecer al margen de Dios o incluso negando su existencia. Una humanidad sin Padre, y, por consiguiente, sin amor, huérfana y desorientada, capaz de seguir matando a los hombres que ya no considera como hermanos, y así preparar su propia autodestrucción y aniquilamiento. Por eso, mis queridos jóvenes, quiero de nuevo comprometeros hoy a ser apóstoles de una nueva evangelización para construir la civilización del amor.

«Nosotros amamos porque Él nos amó primero» (*1 Jn* 4,19): la medida de nuestro amor no podemos encontrarla sólo en la débil capacidad del corazón humano; debemos amar con la medida del Corazón de Cristo, si no, nos quedaremos cortos para corresponder a su amor. Anunciad, pues, con empeño renovado, la fidelidad a Jesucristo, el «Redentor del hombre». Tened presente que quien ama al Señor con todas sus fuerzas, quien dedica a Dios sus mejores afanes, nada pierde, al contrario lo adquiere todo, porque «su amor es pleno en nosotros... y nos ha dado su Espíritu» (*1 Jn* 4,12-13). Pero eso exige ser «hombres nuevos».

Creer en el amor de Dios no es tarea fácil: requiere donación personal, no tranquilizar egoístamente la conciencia o dejar indiferente el corazón, sino hacerlo más generoso, más libre y más fraterno. Libre de tantas esclavitudes, como son los desórdenes sexuales, la droga, la violencia y el afán de poder y de tener, que terminan por dejaros vacíos y angustiados, e impiden el verdadero amor y la auténtica felicidad.

Abrid generosamente vuestro corazón al amor de Cristo, el único capaz de dar sentido pleno a toda nuestra vida. Os recomiendo, con San Pablo, «que Cristo habite por la fe en vuestros corazones; y que arraigados y cimentados en la caridad, podáis comprender con todos los santos, cuál sea la anchura y grandeza, la altura y la profundidad del misterio; y conocer también aquel amor de Cristo, que sobrepuja todo conocimiento, para que os llene de toda la plenitud de Dios» (*Ef* 3,17-19).

Y, con el amor a Cristo, llenaos de amor por todos los hombres, pues «si alguien dice "amo a Dios", y aborrece a su hermano, es un embustero: quien no ama a su hermano a quien ve, no puede amar a Dios a quien no ve» (*1 Jn* 4,20). Queridos jóvenes: Acoged con gratitud al amor de Dios y expresadlo en una verdadera comunidad fraterna; estad dispuestos a entregar cotidianamente la vida para transformar la historia. El mundo necesita, hoy más que nunca, vuestra alegría y vuestro servicio, vuestra vida limpia y vuestro trabajo, vuestra fortaleza y vuestra entrega, para construir una nueva sociedad, más justa, más fraterna, más humana y más cristiana: la nueva civilización del amor, que se despliega en servicio a todos los hombres. Construiréis así la civilización de la vida y de la verdad, de la libertad y la justicia, del amor, la reconciliación y la paz.

Os consta cuánto me preocupa la paz del mundo y cómo he realizado con vosotros mismos, en distintas ocasiones, un itinerario evangélico de la paz. Sabéis bien que la paz es un don de Dios –¡Jesucristo es «nuestra paz»! (cf. *Ef* 2,14)–, que hemos de pedir con insistencia. Pero, además, debemos construirla entre todos, y esto exige, también, de cada uno de nosotros, una profunda conversión interior.

Por eso, queridos jóvenes, hoy quiero comprometeros de nuevo a ser *«operadores de paz»*, por los caminos de la justicia, la libertad y el amor. Nos acercamos al tercer milenio: allí seréis los principales constructores de la sociedad, y los primeros e inmediatos responsables de la paz. Pero la concordia social no se improvisa ni se impone desde fuera: nace dentro de un corazón justo, libre, fraterno, pacificado en el amor. Sed, pues, desde ahora, junto con todos los hombres, artífices de la paz; unid vuestros corazones y vuestros esfuerzos para edificar la paz. Sólo así, viviendo la experiencia del amor de Dios y esforzándoos por realizar la fraternidad evangélica, podréis ser los verdaderos y felices constructores de la civilización del amor.

Que os acompañe siempre vuestra Madre Santa María, la que creyó en el amor de Dios y se entregó con fidelidad gozosa a su palabra. Siendo joven y sencilla, Ella se abrió generosamente al amor del Padre, recibió en plenitud el Espíritu y nos dio a Jesús, el Salvador del mundo.

Queridos jóvenes, amigos, de nuevo os repito: Por intercesión de Nuestra Señora de Luján, tan querida para los argentinos, sed –en todos los momentos y circunstancias de vuestra vida– testigos del amor de Dios, sembradores de esperanza y constructores de paz.

Vigilia, Buenos Aires 11/4/1987

❖ ❖ ❖

> «*Vendrán pueblos y habitantes de grandes ciudades*, y los de una ciudad irán a otra, diciendo: Vayamos a implorar al Señor, *a consultar al Señor de los ejércitos*»
> (*Za* 8,20-21)

...

Este lugar está unido a la memoria del Apóstol de Jesucristo. Uno de los dos hermanos Zebedeos: *Santiago, hermano de Juan.* Por el Evangelio conocemos el nombre de su padre y conocemos también a su madre. Sabemos que ella intervino ante Jesús en favor de sus hijos: «que estos dos hijos míos se sienten en tu reino, uno a tu derecha y el otro a tu izquierda» (*Mt* 20,21).

La madre se preocupó por asegurar el futuro de sus hijos. Observaba todo lo que Jesús hacía: había visto el poder divino que acompañaba a su misión. Creía ciertamente que Él era el Mesías anunciado por los profetas. El Mesías que iba a restablecer el reino de Israel (cf. *Hch* 1,6).

No hay que maravillarse de la actitud de esta madre. No hay que maravillarse de una hija de Israel que amaba a su pueblo. Y amaba a sus hijos. *Deseaba para ellos lo que consideraba un bien.*

He aquí a Santiago, hijo de Zebedeo, pescador como su padre y su hermano; hijo de una madre decidida.

Santiago siguió a Jesús de Nazaret cuando el Maestro, respondiendo a la pregunta de su madre, les dijo: *«¿Sois capaces de beber el cáliz que yo he de beber?»* (*Mt* 20,22). Santiago y su hermano Juan responden sin dudar: «Lo somos» *(ib.)*.

Ésta no es una respuesta calculada sino llena de confianza.

Santiago no sabía aún, y en cualquier caso no lo sabía

totalmente, *qué significaba este «cáliz»*. Cristo hablaba del cáliz que Él mismo había de beber, el cáliz que había recibido del Padre.

Llegó el momento en que Cristo *llevó a cabo lo que había anunciado antes*: bebió hasta la última gota el cáliz que el Padre le había dado.

Verdaderamente, en el Gólgota Santiago no estaba con su Maestro. Tampoco estaban Pedro ni los demás Apóstoles. Junto a la Madre de Cristo permaneció únicamente Juan; solamente él.

Sin embargo, *más tarde todos comprendieron* –y Santiago comprendió– *la verdad sobre el «cáliz»*. Comprendió que Cristo había de beberlo hasta la última gota. Comprendió que era necesario que sufriera todo eso; que sufriera la muerte de cruz...

Cristo, en efecto, *el Hijo de Dios*, «*no ha venido* para que le sirvan, sino *para dar su vida en rescate por muchos*» (*Mt* 20,28).

¡Cristo es el servidor de la Redención humana!

Por esto: «el que quiera ser grande de entre vosotros, que sea vuestro servidor» (*Mt* 20,26).

A través de los siglos *gente* de muchas ciudades y de muchas naciones *ha venido en peregrinación* hasta aquí; hasta el Apóstol al que Cristo había dicho: «mi cáliz lo beberás».

Han peregrinado los jóvenes *para aprender* junto a la tumba del Apóstol aquella verdad evangélica: *«el que quiera ser grande entre vosotros, que sea vuestro servidor»*.

En estas palabras se encuentra *el criterio esencial de la grandeza del hombre.* Este criterio es nuevo. Así fue en tiempos de Cristo y lo sigue siendo después de dos mil años.

Este criterio es nuevo. Supone una transformación, *una renovación de los criterios con que se guía el mundo.* «Sabéis que los jefes de los pueblos los tiranizan y que los grandes los oprimen. No será así entre vosotros» (*Mt* 20,25-26).

El criterio con el que se guía el mundo es el criterio del *éxito*. Tener el poder... Tener el poder económico, para hacer ver la dependencia de los demás. *Tener el poder cultural para manipular las conciencias*. ¡Usar... y abusar!

Tal es el *«espíritu de este mundo»*.

¿Quiere esto decir acaso que el poder en sí mismo es malo? ¿Quiere esto decir que la economía –la iniciativa económica– es en sí misma mala?

¡No! De ninguna manera. *Una y otra cosa pueden ser también un modo de servir. Éste es el espíritu de Cristo, la verdad del Evangelio.* Esta verdad y este espíritu están expresados en la catedral de Santiago de Compostela por el Apóstol, que –según el deseo de su madre– debía ser el primero; pero –siguiendo a Cristo– se convirtió en servidor.

¿Por qué estáis aquí vosotros, jóvenes de los años noventa y del siglo XX? ¿No sentís acaso también *dentro de vosotros «el espíritu de este mundo»*, en la medida en que esta época, rica en medios del uso y del abuso, *lucha contra el espíritu del Evangelio*?

¿No venís aquí tal vez para convenceros definitivamente de que *«ser grandes»* quiere decir *«servir»*? *Pero... ¿estáis dispuestos a beber aquel cáliz? ¿Estáis dispuestos a dejaros penetrar por el cuerpo y sangre de Cristo, para morir al hombre viejo que hay en nosotros y resucitar con Él? ¿Sentís la fuerza del Señor para haceros cargo de vuestros sacrificios, sufrimientos y «cruces» que pesan sobre los jóvenes desorientados acerca del sentido de la vida, manipulados por el poder, desocupados, hambrientos, sumergidos en la droga y la violencia, esclavos del erotismo que se propaga por doquier...? Sabed que el yugo de Cristo es suave... Y que sólo en Él tendremos el ciento por uno, aquí y ahora, y después la vida eterna.*

¿Por qué estáis aquí vosotros, jóvenes de los años noventa y del siglo XX? ¿No sentís también dentro de vosotros «el espíritu de este mundo»?

¿No venís tal vez –vuelvo a decirlo– para convenceros definitivamente de que «ser grandes» quiere decir «servir»? Este «servicio» no es ciertamente un mero sentimiento humanitario. Ni la comunidad de los discípulos de Cristo es una agencia de voluntariado y de ayuda social. Un servicio de esta índole quedaría reducido al horizonte de «espíritu de este mundo». ¡No! Se trata de mucho más. La radicalidad, la calidad y el destino del «servicio», al que todos somos llamados, se encuadra en el misterio de la Redención del hombre. Porque hemos sido creados, hemos sido llamados, hemos sido destinados, ante todo y sobre todo, a servir a Dios, a imagen y semejanza de Cristo que, como Señor de todo lo creado, centro del cosmos y de la historia, manifestó su realeza mediante la obediencia hasta la muerte, habiendo sido glorificado en la Resurrección (cf. *Lumen gentium*, 36). El reino de Dios se realiza a través de este «servicio», que es plenitud y medida de todo servicio humano. No actúa con el criterio de los hombres mediante el poder, la fuerza y el dinero. Nos pide a cada uno de nosotros la total disponibilidad de seguir a Cristo, el cual «no vino a ser servido sino a servir».

Os invito, queridos amigos, a descubrir vuestra vocación real para colaborar en la difusión de este Reino de la verdad y la vida, de la santidad y la gracia, de la justicia, el amor y la paz. Si de veras deseáis servir a vuestros hermanos, dejad que Cristo reine en vuestros corazones, que os ayude a discernir y crecer en el dominio de vosotros mismos, que os fortalezca en las virtudes, que os llene sobre todo de su caridad, que os lleve por el camino que conduce a la «condición del hombre perfecto». ¡No tengáis miedo a ser santos! Ésta es la libertad con la que Cristo nos ha liberado (cf. *Ga* 5,1). No como la prometen con ilusión y engaño los poderes de este mundo: una autonomía total, una ruptura de toda pertenencia en cuanto creaturas e hijos, una afirmación de autosuficiencia, que nos deja indefensos ante nuestros límites y debilidades, solos en la cárcel de nuestro egoísmo, esclavos del «espíritu de este mundo», condenados a la «servidumbre de la corrupción» (*Rm* 8,21).

Por esto, pido al Señor que os ayude a crecer en esta «libertad real», como criterio básico e iluminador de juicio y de elección en la vida. Esa misma libertad orientará vuestro comportamiento moral en la verdad y en la caridad. Os ayudará a descubrir el amor auténtico, no deteriorado por un permisivismo alienante y deletéreo. Os hará personas abiertas a una eventual llamada a la donación total en el sacerdocio o en la vida consagrada. Os hará crecer en humanidad mediante el estudio y el trabajo. Animará vuestras obras de solidaridad y vuestro servicio a los necesitados en el cuerpo y en el alma. Os convertirá en «señores» para servir mejor y no ser «esclavos», víctimas y seguidores de los modelos dominantes en las actitudes y formas de comportamiento.

Servir: *ser hombre para los demás.*

Ésta es también la verdad, que el Apóstol Pablo enseña de modo muy elocuente en la segunda lectura de la liturgia de este día.

«No os estiméis en más de lo que conviene, *sino estimaos moderadamente, según la medida de la fe que Dios otorgó a cada uno*» (*Rm* 12,3).

Y el Apóstol añade:

«los dones que poseemos son *diferentes*» (*Rm* 12,6).

¡Sí! Es necesario conocer bien qué dones te ha concedido Dios en Cristo. Es menester *conocer bien el don* recibido, *para saber darlo a los demás.* Para contribuir al bien común.

Sí. Es necesario conocer bien qué dones te ha concedido Dios en Cristo. Es necesario conocer bien el don recibido *en la propia experiencia de vida familiar y parroquial, en la participación asociativa, en el florecimiento carismático de los movimientos*, para saber darlo a los demás. Para *enriquecer así la comunión y el impulso misionero de la Iglesia. Para ser testigos de Cristo en el barrio y en la escuela, en la universidad y en la fábrica, en los lugares de trabajo y de diversión...* Para contribuir al bien común, *como servidores de experiencias de crecimiento en humanidad: experiencias de dignidad y solidaridad, en las que los jóvenes sean auténticos protagonistas de formas de vida más humanas.*

Así enseña el Apóstol. Y lo que dice no es una mera enseñanza, sino una ferviente llamada.

«*Que vuestra caridad no sea una farsa*: aborreced lo malo

y apegaos a lo bueno; como buenos hermanos, sed cariñosos unos con los otros, estimando a los demás más que a uno mismo. En la actividad, no seáis descuidados; en el espíritu, manteneos ardientes. Servid constantemente al Señor. Que la esperanza os tenga alegres: estad firmes en la tribulación, sed asiduos en la oración, contribuid en las necesidades del Pueblo de Dios; practicad la hospitalidad» (*Rm* 12,9-13).

¿No lo dice tal vez particularmente a vosotros? ¿A los jóvenes? ¿Vuestro ser jóvenes no es *sensible precisamente a este programa de vida y de comportamiento*? ¿A este mundo de los valores?

¿No se abre hacia este mundo? Y si, por casualidad, siente las resistencias que vienen de dentro, o bien de fuera, ¿no *está vuestro ser jóvenes dispuesto a luchar precisamente por semejante «forma» de vida*?

Esta forma ha sido dada a la vida humana por Cristo. Él sabe lo que hay dentro del hombre (cf. *Jn* 2,25).

«Cristo, el nuevo Adán, en la misma revelación del misterio del Padre y de su amor, manifiesta plenamente el hombre al propio hombre y le descubre la sublimidad de su vocación» (*Gaudium et spes*, 22).

¡Queridos jóvenes, dejaos prender por Él! Sólo Cristo es el camino, la verdad y la vida como, en la admirable síntesis evangélica, proclama el lema de nuestra Jornada Mundial.

O Monte do Gozo, onde se xuntaban os peregrinos, fainos recordar unha das características mais fermosas de Santiago e do seu Camiño: a universalidade.

Invítovos a que vos sigades mantendo, como sempre fixéchedes, nos vínculos da catolicidade.

(El Monte del Gozo, donde se juntaban los peregrinos, nos hace recordar una de las características más hermosas de Santiago y de su Camino: la universalidad.

Os invito a que os sigáis manteniendo, como siempre lo hicisteis, en los vínculos de la catolicidad.)

Habéis venido en peregrinación hasta aquí, a la tumba del Apóstol, el cual puede *confirmar de primera mano, por así decirlo, la verdad sobre la vocación del hombre*, cuyo punto de referencia es Cristo. Venís para *encontrar vuestra propia vocación.*

Os acercáis al altar para ofrecer, con el pan y el vino, vuestra juventud, *la búsqueda* de la verdad, así como lo bueno y lo bello que hay en vosotros.

Toda esta *inquietud creativa.*

Todos los sufrimientos de vuestros corazones jóvenes.

Estando en medio de vosotros, quiero decir con el Salmista: He aquí que «la tierra ha dado su cosecha» (*Sal* 66/67,7), el fruto más precioso: el hombre, la juventud humana.

Resplandezca ante vosotros *el rostro de Dios*, que se refleja en el rostro humano de Cristo, Redentor del hombre.

«Alégrense y exulten la gentes» (*Sal* 67/66,5).

Que vuestros coetáneos, al contemplar vuestra peregrinación, puedan exclamar:

«Queremos ir con vosotros, pues hemos oído que Dios está con vosotros» (*Za* 8,23).

Esto os desea el Papa.

Homilía, Santiago de Compostela 20/8/1989.

❖ ❖ ❖

«Todos los que son guiados por el
Espíritu de Dios son hijos de Dios»
(*Rm* 8,14)

Saludo en el nombre del Padre y del Hijo y del Espíritu Santo a todos vosotros, queridos jóvenes, que habéis venido aquí procedentes de diversos países de Europa y de los demás continentes. Habéis venido a Jasna Góra con la convicción de que *«recibisteis un espíritu de hijos adoptivos»* (*Rm* 8,15). Gracias a este espíritu sois «herederos de Dios» y, al mismo tiempo, «coherederos de Cristo» (*Rm* 8,17). Podéis exclamar junto con él: «¡Abbá, Padre!» (*Rm* 8,15). En efecto, «el Espíritu mismo da testimonio de que somos hijos de Dios» (*Rm* 8,16).

...

Esta VI Jornada Mundial de la Juventud se distingue por *una característica particular*: es la primera vez que se registra una participación tan numerosa de *jóvenes de Europa oriental.*

¿Cómo no descubrir en esto un gran don del Espíritu Santo? Quiero darle las gracias junto con vosotros. Tras ese largo período en que prácticamente no se podían cruzar las fronteras, la Iglesia en Europa puede respirar ahora libremente con sus dos pulmones.

Por este motivo, queridos jóvenes de Europa del este, vuestra presencia es muy significativa. *La Iglesia universal tiene necesidad del tesoro precioso de vuestro testimonio cristiano*: testimonio por el que ha sido pagado un precio a veces muy alto de sufrimiento en la marginación, en la persecución e incluso en la prisión.

¡Hoy, finalmente, ha llegado vuestra hora! En los duros años de la prueba, la Iglesia y el Sucesor de Pedro jamás os han olvidado. Aquí, en el santuario de Jasna Góra, ahora podéis ofrecer al mundo el testimonio público de vuestra pertenencia a Cristo y de vuestra comunión con la Iglesia. Lo ofrecéis ante vuestros coetáneos que proceden de todo el mundo y, de forma especial, de los países de Europa occidental.

El Viejo Continente cuenta con vosotros, jóvenes del este y del oeste europeo, para construir la «casa común» de la que se espera un futuro de solidaridad y paz; cuenta con vosotros la Iglesia que, en la próxima Asamblea extraordinaria del Sínodo de los obispos, se recogerá para reflexionar sobre las consecuencias que se desprenden de los recientes cambios y para disponer iniciativas oportunas en orden a una acción pastoral más incisiva en el continente.

Para el bien de las generaciones que vendrán es necesario que la nueva Europa se apoye sobre los fundamentos de los valores espirituales que constituyen el núcleo más íntimo de su tradición cultural.

Una gran alegría embarga mi corazón al veros juntos, jóvenes del este y del oeste, del norte y del sur, unidos por la fe en Jesús, que «ayer como hoy (...) es el mismo, y lo será siempre» (*Hb* 13,8). Sois la juventud de la Iglesia, que se apresta a afrontar el nuevo milenio. ¡Sed la Iglesia del futuro, la Iglesia de la esperanza!

Queridos jóvenes, sabéis por experiencia que la caída de la ideología en los países de Europa oriental ha dejado en muchos de vuestros compañeros el sentimiento de un gran vacío, la impresión de haber sido engañados y una angustia deprimente ante el futuro.

También en los países de Europa occidental gran parte de la juventud ha perdido los motivos por los que vale la pena vivir. El fenómeno de la droga es un síntoma de este extravío profundo. El desinterés por la política manifiesta en muchos el sentimiento de impotencia en la lucha por el bien.

Sois enviados a estos hermanos y hermanas como mensajeros de la Buena Nueva de la salvación. Al encontrar a Jesús y conocer vuestra vocación a la filiación divina por medio de vuestro testimonio de alegría, descubrirán cuál es el sentido de la vida. En efecto, ansían encontrar ese sentido, y Jesucristo es la verdad que nos hace libres.

A todos los que están desilusionados frente a los cometidos terrenos de la civilización, los tenéis que invitar a ser, junto con vosotros, artífices de la «civilización del amor», cuyo gran programa está trazado en la doctrina social de la Iglesia, que recientemente he recordado y confirmado en la encíclica *Centesimus annus*.

Trabajar generosamente para construir una sociedad que se distinga por la búsqueda constante de la justicia, la concordia, la solidaridad y la paz es un ideal que revela a cada cual la riqueza de entrega y de servicio que lleva dentro de sí.

Cada uno, colaborando en la obra de fraternidad entre los hombres y los pueblos, y empeñándose generosamente en ayudar a los más pobres, descubrirá la belleza de la vida.

Queridos amigos, tenéis la responsabilidad de llevar este

mensaje evangélico que conduce a la vida eterna y, al mismo tiempo, señala el camino para vivir de forma más humana en la tierra.

Gran parte de lo que será el *futuro* depende del empeño de la generación cristiana de *hoy*. Depende, sobre todo, de vuestro empeño, queridos jóvenes, que pronto tendréis la responsabilidad de decisiones que influirán no sólo en vuestro destino, sino también en el de muchos otros.

Os corresponde, pues, a vosotros la misión de asegurar en el mundo futuro la presencia de valores como la plena libertad religiosa, el respeto a la dimensión personalista del desarrollo, la tutela del derecho a la vida, la promoción de la familia, la valoración de la diversidad de culturas con miras a un enriquecimiento recíproco y la salvaguardia del equilibrio ecológico amenazado por peligros cada vez más graves.

Son tareas inmensas, que requieren corazones intrépidos, capaces de «esperar contra toda esperanza» (cf. *Rm* 4,18). Queridos jóvenes, ¡no estáis solos en esta empresa! A vuestro lado está Cristo nuestro Señor, quien dijo: «He venido a arrojar un fuego sobre la tierra y ¡cuánto desearía que ya estuviera encendido!» (*Lc* 12,49). Esto es lo que puede templar vuestro corazón y hacer que se atreva a afrontar las empresas más arduas: *el fuego que Jesús ha traído*, el fuego del Espíritu Santo, que quema toda miseria humana, todo egoísmo sórdido y todo pensamiento mezquino.

Dejad que este fuego arda en vuestros corazones.

La Virgen María lo ha encendido en vosotros aquí en Czestochowa.

Llevad este fuego a todo el mundo. ¡Que nada ni nadie lo apague nunca! ¿Qué ha sido para vosotros Jasna Góra? Ha sido para vosotros hoy el Cenáculo, un nuevo Pentecostés: la Iglesia, una vez más, reunida en compañía de María, una Iglesia joven y misionera, consciente de su misión. ¡Recibid el Espíritu Santo y sed fuertes! Amén.

Homilía, Czestochowa 15/8/1991, párr. 1 y 8-11

NOTAS

1. *1 Jn* 2,13 s.
2. Conc. Ecum. Vat. II, Const. dogmática *Lumen gentium*, sobre la Iglesia, 1.
3. *1 Jn* 2,13 s.
4. *1 Jn* 5,4 s.
5. Cf. Agustín (s.), *Confesiones* I, t: *CSEL* 33, p. 1.

5

LA INJUSTICIA Y EL SUFRIMIENTO

«He ahí el Cordero de Dios, que quita el pecado del mundo»
(*Jn* 1,29)

Jesús, acusado ante un juez que condena más por temor y cinismo que por convicción, es víctima del orgullo humano y de la justicia corrompida. Torturado y burlado, es la imagen de lo que los seres humanos son capaces de hacer a los demás, cuando su corazón está endurecido y la luz de su conciencia ofuscada.

Pero, *a los ojos del Padre*, Jesús es el Hijo amado, el Cordero inocente que va al sacrificio por nuestros pecados: «Él soportó el castigo que nos trae la paz, y con sus cardenales hemos sido curados» (*Is* 53,5).

De este sacrificio de sí mismo surgen el perdón y la reconciliación para todos. Incluso en la cruz Jesús tuvo palabras de amor: «Padre, perdónales, porque no saben lo que hacen» (*Lc* 23,34).

Este amor se extiende a todos sin excepción. El evangelio de San Juan recuerda las palabras proféticas: «Mirarán al que traspasaron» (*Jn* 19,37). De su costado traspasado por la lanza de un soldado salió sangre y agua (cf. *Jn* 19,34), el signo de *la gracia que da vida nueva*, la vida nueva que recibimos mediante los sacramentos.

Jóvenes que participáis en la *Jornada Mundial de la Juventud*, durante este *vía crucis* habéis contemplado el rostro de Cristo que sufre y habéis adorado al Señor elevado entre la tierra y el cielo. Frente a esta terrible injusticia y a estos terribles sufrimientos sólo las palabras que Dios dijo por medio del profeta Isaías pueden transformar nuestra tristeza angustiosa en esperanza: «He aquí que prosperará mi Siervo, será enaltecido, levantado y ensalzado sobremanera [...]. Por las fatigas de su alma [...] justificará mi Siervo a muchos y las culpas de ellos él soportará [...] *cuando él llevó el pecado de muchos, e intercedió por los rebeldes*» (*Is* 52,13; 53,11-12).

Jóvenes, constituís una parte especial de la herencia de Cristo, personas conquistadas por el amor del Redentor.

Sed valientes ante las dificultades e injusticias de la vida. Esforzaos en la lucha por la justicia, la solidaridad y la paz en el mundo. Ofreced vuestras energías y talentos jóvenes para construir *una civilización de amor cristiano*. Sed testigos del amor de Dios a los inocentes y a los débiles, a los pobres y a los oprimidos.

El *vía crucis* os ha conducido al corazón del misterio del amor redentor de Dios, el misterio que está en el centro de la vida de la Iglesia, el misterio que es el núcleo de todo testimonio y enseñanza cristianos. Muchas son las cosas sobre las que hay que reflexionar y por las cuales es preciso orar. La *Jornada Mundial de la Juventud* ha alcanzado un momento de intensidad particular. Aquí el ejemplo de María puede indicarnos el camino que hay que seguir: «María, por su parte, guardaba todas estas cosas, y las meditaba en su corazón» (*Lc* 2,19).

Os exhorto a crear un clima de *silencio y reflexión* a fin de que pueda crecer en cada joven que ha venido hasta aquí una conciencia cada vez mayor del misterio. Oremos para que las distracciones efímeras no bloqueen u obstaculicen el amor que Dios derrama en nuestros corazones por el Espíritu Santo (cf. *Rm* 5,5).

Ojalá que en este silencio podáis alcanzar la paz interior, paz que puede profundizarse y poseerse más plenamente a través del *sacramento de la reconciliación*: «Porque en Cristo estaba Dios reconciliando al mundo consigo, no tomando en cuenta las transgresiones de los hombres, sino poniendo en nosotros la palabra de la reconciliación [...]. En nombre de Cristo os suplicamos: ¡reconciliaos con Dios!» (*2 Co* 5,19-20).

Espero que acudáis a los numerosos sacerdotes aquí presentes. En el sacramento de la penitencia son para vosotros embajadores del perdón amoroso de Cristo.

El primer día de la semana, al amanecer, las mujeres se dirigieron al sepulcro. Encontraron retirada la piedra y un mensajero que les dijo: «¿Por qué buscáis entre los muertos al que está vivo? No está aquí, ha resucitado. Recordad cómo os habló cuando estaba todavía en Galilea, diciendo: "Es necesario que el Hijo del hombre sea entregado en manos de los pecadores y sea crucificado, y al tercer día resucite"» (*Lc* 24,5-7).

La *vida nueva* que brota de la Resurrección es la única esperanza del mundo.

En nombre de Cristo, en nombre de la Iglesia, en nombre de una humanidad necesitada, os exhorto a *tener en vosotros esta nueva vida.* Sed testigos de esta nueva vida ante el mundo que os rodea.

Meditación sobre el Vía Crucis, Denver 13/8/1993

❖ ❖ ❖

«Si no me voy, no vendrá a vosotros el Paráclito»

(*Jn* 16,7)

Queridos jóvenes:

Estas palabras de Jesús en la última cena nos hablan de su vuelta al Padre. Mientras seguís el *vía crucis en el Luneta Park y por las calles de Manila*, meditaréis en lo que significa *volver al Padre.*

Cada uno de nosotros está implicado personalmente. El misterio de la pasión, muerte y resurrección de Jesucristo afecta a toda la historia humana y toca a todo hombre, con el poder de traer *la novedad de la vida* que todos deseamos cuando aspiramos a la realización y a la felicidad.

En el misterio inescrutable del plan de Dios, *«el Verbo se hizo carne y puso su morada entre nosotros»* (*Jn* 1,14). Tomó un cuerpo como el nuestro, nació de la Virgen María... y, por su muerte en la cruz, nos hace volver al Padre a nosotros, hombres rebeldes y pecadores, para que podamos vivir en la esperanza cierta de la resurrección.

También su modo de volver formaba parte del plan del Padre. Leemos en el evangelio: «los soldados (...) le colocaron un manto de púrpura; y, trenzando una corona de espinas, se la pusieron sobre su cabeza (...) y, doblando la rodilla delante de él, le hacían burla (...). Cuando se hubieron burlado de él, le quitaron el manto (...) le llevaron a crucificarle» (*Mt* 27,27-31).

Los ejecutores son todos los que obran el mal ante la mirada de Dios. A veces parece incluso que el mal prevalece, y que la gente no puede detenerlo. Los jóvenes preguntan *qué se puede hacer ante tanto sufrimiento, ante tanta injusticia, ante tanta violencia y muerte.*

Comenzamos a descubrir la respuesta cuando miramos a los demás protagonistas de este drama.

Los evangelios cuentan que a un hombre llamado Simón «le obligaron a llevar su cruz» (*Mt* 27,32) y que había algunas mujeres que lo seguían, llorando, a lo largo de todo el camino hasta el lugar de la crucifixión (cf. *Mt* 27,55 y par.). La tradición narra que una mujer de nombre Verónica enjugó el rostro de Jesús con un lienzo. El evangelio de San Juan nos dice que *«junto a la cruz de Jesús estaban su madre* y la hermana de su madre, María, mujer de Cleofás, y María Magdalena», así como «el discípulo a quien amaba» (*Jn* 19,25-26).

Los fieles no abandonaron al Hijo de Dios escondido en el Hijo del hombre que sufría.

También para nosotros, Jesús en la cruz se convierte en *la última prueba de nuestra fe y en el juicio de Dios sobre nuestra conducta.*

La X Jornada Mundial de la Juventud constituye un *día de solidaridad con el pueblo de Ruanda, que sufre.* Oprimidos por el terrible mal que se ha abatido sobre ellos, nuestros hermanos y hermanas de Ruanda tienen necesidad de vuestra ayuda material, pero también necesitan apoyo para *recuperar el sentido de su dignidad como hijos e hijas del Dios vivo.* Que se sientan consolados al saber que estáis haciendo sacrificios por ellos, sacrificios que manifiestan vuestra preocupación real por esos hermanos y hermanas que están lejos, pero a quienes no habéis olvidado.

Cada uno de vosotros está invitado a escuchar las palabras del Señor: «Si alguno quiere venir en pos de mí, niéguese a sí mismo, *tome su cruz cada día, y sígame*» (*Lc* 9,23): la cruz del rechazar los modos de pensar que contradicen las enseñanzas de Jesús; la cruz de rechazar los deseos y las conductas que no son dignos de los seguidores de Cristo. Estáis invitados a permitir que la gracia transformadora que brota de la cruz de Cristo entre en vuestra vida, especialmente a través de la recepción del sacramento de la penitencia y de la reconciliación. Hay muchos sacerdotes con vosotros, que actuarán como instrumentos del perdón amoroso del Señor en este sacramento.

Señor Jesucristo, en la última cena dijiste: «Si no me voy, no vendrá a vosotros el Paráclito» (*Jn* 16,7). *Manda el Espíritu Santo* sobre estos jóvenes, para que les enseñe a amar *tu cruz* y la cruz *que le corresponde a cada uno personalmente.*

Ayúdales a seguir de cerca tus huellas por el camino que conduce al Calvario, el camino que lleva a la resurrección y, después, a donde estás tú *sentado a la diestra del Padre.*

Desde allí, Señor, *envía el Espíritu Santo al corazón de los jóvenes reunidos en Manila para la X Jornada Mundial de la Juventud.* Que él les ayude a responder con generosidad y sin miedo a tu llamada: «*Como el Padre me envió, también, yo os envío*» (*Jn* 20,21). Hazlo para gloria de Dios Padre. Amén.

Meditación sobre el Vía Crucis, Manila 13/1/1995

❖ ❖ ❖

«Ha hecho en mi favor maravillas
el Poderoso»

(*Lc* 1,49)

Amados jóvenes y queridos amigos en Cristo:

La octava Jornada Mundial de la Juventud es una celebración de vida. Este encuentro nos ha permitido hacer una seria reflexión sobre las palabras de Jesucristo: «*Yo he venido para que tengan vida y la tengan en abundancia*» (*Jn* 10,10). Jóvenes de todos los rincones del mundo, *con oración ardiente* habéis abierto vuestro corazón a la verdad de la promesa de vida nueva de Cristo. Mediante los sacramentos, especialmente la penitencia y la Eucaristía, y mediante la unidad y la amistad nacida entre muchos de vosotros, habéis hecho *una experiencia real y transformadora de la vida nueva que sólo Cristo puede dar*. Vosotros, jóvenes peregrinos, también habéis mostrado que comprendéis que el don de la vida de Cristo no es únicamente para vosotros. Habéis llegado a ser más conscientes de vuestra vocación y misión en la Iglesia y en el mundo. Para mí, nuestro encuentro ha sido una profunda y conmovedora experiencia de vuestra fe en Cristo, y hago mías las palabras de San Pablo: «*Tengo plena confianza en hablaros; estoy muy orgulloso de vosotros. Estoy lleno de consuelo y sobreabundo de gozo en todas nuestras tribulaciones*» (*2 Co* 7,4).

Ésas no son palabras de elogio vano. Confío en que hayáis comprendido el alcance del desafío que se os plantea, y que tendréis la sabiduría y la valentía de afrontarlo. *Es mucho lo que depende de vosotros.*

Este mundo maravilloso –tan amado por el Padre que envió a su Hijo único para su salvación (cf. *Jn* 3,17)– es el teatro de una batalla interminable que está librándose por *nuestra dignidad e identidad como seres libres y espirituales*.

Esa lucha tiene su paralelismo en el combate apocalíptico descrito en la primera lectura de la misa. La muerte lucha contra la vida: *una «cultura de la muerte» intenta imponerse a nuestro deseo de vivir, y vivir plenamente*. Hay quienes rechazan la luz de la vida, prefiriendo «las obras infructuosas de las tinieblas» (*Ef* 5,11). Cosechan injusticia, discriminación, explotación, engaño y violencia. En todas las épocas, su éxito aparente se puede medir por la *matanza de los inocentes*. En nuestro siglo, más que en cualquier otra época de la historia, la *cultura de la muerte* ha adquirido una forma social e institucionalizada de legalidad para justificar los más horribles crímenes contra la humanidad: el genocidio, *las soluciones finales, las limpiezas étnicas* y el masivo «quitar la vida a los seres humanos aun antes de su nacimiento, o también antes de que lleguen a la meta natural de la muerte» (*Dominum et vivificantem*, 57).

La lectura de hoy, tomada del Libro del Apocalipsis, presenta a *la Mujer* rodeada por fuerzas hostiles. La naturaleza absoluta de su ataque está simbolizada en el objeto de su intención malvada: *el Niño, el símbolo de la vida nueva*. El «dragón» (*Ap* 12,3), el «príncipe de este mundo» (*Jn* 12,31) y el «padre de la mentira» (*Jn* 8,44), intenta incesantemente *desarraigar del corazón humano el sentido de gratitud y respeto al don original, extraordinario y fundamental de Dios: la misma vida humana*. Hoy esa batalla ha llegado a ser cada vez más directa.

Queridos amigos, este encuentro en Denver sobre el tema de la vida debería conducirnos a una conciencia más profunda de *la contradicción interna que existe en una parte de la cultura de la metrópoli moderna*.

Cuando los padres fundadores de esta gran nación recogieron ciertos derechos inalienables en la Constitución –algo similar existe en muchos países y en muchas Declaraciones internacionales–, lo hicieron porque reconocían la existencia de una *ley* –una serie de derechos y deberes– esculpida por el Creador en el corazón y la conciencia de cada persona.

En gran parte del pensamiento contemporáneo no se hace ninguna referencia a esa *ley* garantizada por el Creador. Sólo queda a cada persona la posibilidad de elegir este o aquel objetivo como conveniente o útil en un determinado conjunto de circunstancias. Ya no existe nada que se considere *intrínsecamente bueno y universalmente vinculante.* Se afirman los derechos, pero, al no tener ninguna referencia a una verdad objetiva, carecen de cualquier base sólida. Existe una gran confusión en amplios sectores de la sociedad acerca de lo que está bien y lo que está mal, y están a merced de quienes tienen el poder de *crear* opinión e imponerla a los demás.

La familia se halla especialmente atacada. Y *se niega el carácter sagrado de la vida humana.* Naturalmente, los miembros más débiles de la sociedad son los que corren mayor riesgo: *los no nacidos*, los niños, los enfermos, los minusválidos, los ancianos, los pobres y los desocupados, los inmigrantes, los refugiados *y el Sur del mundo.*

Jóvenes peregrinos, Cristo os necesita a vosotros para iluminar el mundo y *mostrarle el «sendero de la vida»* (*Sal* 16,11). El desafío consiste en *hacer que el «sí» de la Iglesia a la vida sea concreto y efectivo.* La batalla será larga, y necesita de cada uno de vosotros. Poned vuestra inteligencia, vuestros talentos, vuestro entusiasmo, vuestra compasión y vuestra fortaleza al servicio de la vida.

No tengáis miedo. El resultado de la batalla por la vida ya está decidido, aunque prosigue la lucha en circunstancias adversas y con muchos sufrimientos. Esa certeza nos la ofrece la segunda lectura: «*Cristo resucitó de entre los muertos como primicias de los que durmieron* [...]. *Así también todos revivirán* en Cristo» (*1 Co* 15,20-22). Ésta es la paradoja del mensaje cristiano: Cristo –la Cabeza– ya venció el pecado y la muerte. Cristo en su Cuerpo –el pueblo peregrino de Dios– sigue sufriendo el ataque del maligno y de todo el mal de que es capaz la humanidad pecadora.

En esta etapa de la historia, el mensaje liberador del *evangelio de la vida* ha sido puesto en vuestras manos. Y la misión de proclamarlo hasta los confines de la tierra pasa ahora a vuestra generación. Como el gran Apóstol Pablo, también vosotros debéis sentir toda la urgencia de esa tarea: «¡Ay de mí si no predicara el Evangelio!» (*1 Co* 9,16). *¡Ay de vosotros si no lográis defender la vida!* La Iglesia necesita vuestras energías, vuestro entusiasmo y vuestros ideales juveniles para hacer que el evangelio de la vida penetre el entramado de la sociedad, transformando el corazón de la gente y las estructuras de la sociedad, *para crear una civilización de justicia y amor verdaderos.* Hoy, en un mundo que carece a menudo de la luz y de la valentía de ideales nobles, *la gente necesita más que nunca la espiritualidad lozana y vital del Evangelio.*

No tengáis miedo de salir a las calles y a los lugares públicos, como los primeros Apóstoles que predicaban a Cristo y la buena nueva de la salvación en las plazas de las ciudades, de los pueblos y de las aldeas. No es tiempo de avergonzarse del Evangelio (cf. *Rm* 1,16). Es tiempo de predicarlo desde los terrados (cf. *Mt* 10,27). No tengáis miedo de romper con los estilos de vida confortables y rutinarios, para aceptar el reto de dar a conocer a Cristo en la metrópoli moderna. Debéis ir a «los cruces de los caminos» (*Mt* 22,9) e invitar a todos los que encontréis al banquete que Dios ha preparado para su pueblo. No hay que esconder el Evangelio por miedo o indiferencia. No fue pensado para tenerlo escondido. Hay que ponerlo en el candelero, para que la gente pueda ver su luz y alabe a nuestro Padre celestial (cf. *Mt* 5,15-16).

Jesús vino a buscar a los hombres y mujeres de su tiempo. Los comprometió en un diálogo abierto y sincero, independientemente de su condición. Como buen samaritano de la familia humana, se acercó a la gente para sanarla de sus pecados y de las heridas que la vida inflige, y llevarla a la casa del Padre. Jóvenes de la Jornada Mundial de la Juventud, la Iglesia os pide que vayáis, con la fuerza del Espíritu Santo, a los que están cerca y a los que están lejos. Compartid con ellos la libertad que habéis hallado en Cristo. La gente tiene sed de auténtica libertad interior. Anhela la vida que Cristo vino a dar en abundancia. Ahora que se avecina un nuevo milenio, para el que toda la Iglesia está preparándose, el mundo es como un campo ya pronto para la cosecha. *Cristo necesita obreros dispuestos a trabajar en su viña.* Vosotros, jóvenes católicos del mundo, no lo defraudéis. En vuestras manos llevad la cruz de Cristo. En vuestros labios, las palabras de vida. En vuestro corazón, la gracia salvífica del Señor.

Homilía, Denver 15/8/1993

6

EL ETERNO PROBLEMA MORAL Y LOS FALSOS OBJETIVOS DE LA MODERNIDAD

VENCER EL MAL CON EL BIEN

Queridos jóvenes:

Los jóvenes sois *capaces de ganar el corazón* con tantos de vuestros gestos, con vuestra generosidad y espontaneidad. En efecto, alguna vez me había preguntado: los jóvenes españoles, ¿serán capaces de mirar con valentía y constancia hacia el bien? ¿Ofrecerán un ejemplo de madurez en el uso de su libertad o se replegarán desencantados sobre sí mismos? La juventud de un país rico de fe, de inteligencia, de heroísmo, de arte, de valores humanos, de grandes empresas humanas y religiosas, ¿querrá vivir el presente abierta a la esperanza cristiana y con responsable visión de futuro?

La respuesta me la dieron *las noticias que me llegaban de vosotros*. Me la ha dado, sobre todo, *lo que he visto* en tantos de vosotros en estos días y *vuestra presencia* y actitud esta tarde.

Quiero decíroslo: *no me habéis desilusionado, sigo creyendo en los jóvenes*, en vosotros. Y creo, no para halagaros, sino porque cuento con vosotros para difundir un sistema nuevo de vida. Ese que nace de Jesús, hijo de Dios y de María, cuyo mensaje os traigo.

Hace unos momentos se nos invitaba a reflexionar sobre el texto de las bienaventuranzas. En la base de ellas se halla una pregunta que vosotros os ponéis con inquietud: *¿por qué existe el mal en el mundo?*

Las palabras de Cristo hablan de persecución, de llanto, de falta de paz y de injusticia, de mentira y de insultos. E indirectamente hablan del sufrimiento del hombre en su vida temporal.

Pero no se detienen ahí. Indican también un programa para *superar el mal con el bien*. Efectivamente, los que lloran serán consolados; los que sienten la ausencia de la justicia y tienen hambre y sed de ella serán saciados; los operadores de paz serán llamados hijos de Dios; los misericordiosos alcanzarán misericordia; los perseguidos por causa de la justicia poseerán el reino de los cielos.

¿Es ésta solamente *una promesa de futuro*? Las certezas admirables que Jesús da a sus discípulos, ¿se refieren sólo a la vida eterna, a un reino de los cielos situado más allá de la muerte?

Sabemos bien, queridos jóvenes, que ese «reino de los cielos» es el «reino de Dios» y que «está cerca» (*Mt.* 3,2). Porque ha sido inaugurado con la muerte y resurrección de Cristo. Sí, está cerca, porque en buena parte depende de nosotros, cristianos y «discípulos» de Jesús.

Somos nosotros, bautizados y confirmados en Cristo, los llamados a *acercar ese reino*, a hacerlo visible y actual *en este mundo*, como preparación a su establecimiento definitivo.

Y esto se logra con nuestro empeño personal, con nuestro esfuerzo y conducta concorde con los preceptos del Señor, con nuestra fidelidad a su persona, con nuestra imitación de su ejemplo, con nuestra dignidad moral. Así, el cristiano vence el mal; y vosotros, jóvenes españoles, vencéis el mal con el bien cada vez que, por amor y a ejemplo de Cristo, os libráis de la esclavitud de quienes miran a *tener* más y no *a ser* más.

Cuando sabéis ser dignamente sencillos en un mundo que paga cualquier precio al poder; cuando sois limpios de corazón entre quien juzga sólo en términos de sexo, de apariencia o hipocresía; cuando construís la paz, en un mundo de violencia y de guerra; cuando lucháis por la justicia ante la explotación del hombre por el hombre o de una nación por la otra; cuando con la misericordia generosa no buscáis la venganza, sino que llegáis a amar al enemigo; cuando en medio del dolor y las dificultades no perdéis la esperanza y la constancia en el bien, apoyados en el consuelo y ejemplo de Cristo y en el amor al hombre hermano. Entonces os convertís en *transformadores eficaces y radicales del mundo* y en constructores de la nueva civilización del amor, de la verdad, de la justicia, que Cristo trae como mensaje.

De esta forma, el hombre –y sobre todo el joven– que se acerca a la lectura de la palabra de Cristo con la pregunta de «por qué existe el mal en el mundo», cuando acepta la verdad de las bienaventuranzas, termina poniéndose otra pregunta: *¿qué hacer para vencer al mal con el bien?* Más aún: acaba ya con *una respuesta* a esa pregunta, que es fundamental en la existencia humana. Y bien podemos decir que quien halla esta respuesta y sabe orientar coherentemente su conducta ha logrado *hacer penetrar el Evangelio en su vida.* Entonces es verdaderamente cristiano.

Con los criterios sólidos que saca de su convicción cristiana, el joven sabe reaccionar debidamente ante un mundo de apariencias, de injusticia y materialismo que le rodea.

Ante la manipulación de la que puede sentirse objeto mediante la droga, el sexo exasperado, la violencia, el joven cristiano no buscará métodos de acción que le lleven a la espiral del terrorismo; éste le hundiría en el mismo o mayor mal que critica y depreca. No caerá en la inseguridad y la desmoralización, ni se refugiará en vacíos paraísos de evasión o de indiferentismo. Ni la droga, ni el alcohol, ni el sexo, ni un resignado pasivismo acrítico –eso que vosotros llamáis «pasotismo»– son una respuesta frente al mal. La respuesta vuestra ha de venir desde una postura sanamente crítica; desde la *lucha contra una masificación* en el pensar y en el vivir que a veces se os trata de imponer; que se ofrece en tantas lecturas y medios de comunicación social.

¡Jóvenes! ¡Amigos! *Habéis de ser vosotros mismos*, sin dejaros manipular; teniendo criterios sólidos de conducta. En una palabra: *con modelos de vida en los que se pueda confiar*, en los que podáis reflejar toda vuestra generosa capacidad creativa, toda vuestra sed de sinceridad y mejora social, sed de valores permanentes dignos de elecciones sabias. Es el programa de lucha, para superar con el bien el mal. *El programa de las bienaventuranzas que Cristo os propone.*

Unamos ahora la reflexión sobre las bienaventuranzas con las palabras antes escuchadas de San Juan.

El Apóstol indica que quien ama a su hermano está en la luz, y el que le aborrece está en las tinieblas; él escribe a las dos generaciones: a los padres, que han conocido a Aquel que existe desde siempre; y a los hijos, a vosotros los jóvenes, «que sois fuertes, y la palabra de Dios permanece en vosotros, y habéis vencido al maligno» (*1 Jn* 2,13 s.).

¿Qué sentido tienen estas palabras? San Juan habla dos veces de *victoria sobre el maligno*; es decir, de la victoria sobre el instigador del mal en el mundo. Es idéntico tema al encontrado en las bienaventuranzas.

Ahora bien, sabemos que es Jesús quien nos da esa «victoria que vence el mundo» y el mal que hay en él (cf. *1 Jn* 5,4 s.), que lo caracteriza, porque «el mundo todo está bajo el maligno» (*ibíd.*, v. 19).

Pero notemos bien las dos condiciones o dimensiones esenciales que el Evangelio pone para esa victoria: la primera es *el amor*; la segunda, *el conocimiento de Dios* como Padre.

El amor a Dios y al prójimo es el distintivo del cristiano; es el precepto «antiguo» y «nuevo» que caracteriza la revelación de Dios en el Antiguo y Nuevo Testamento (cf. *Dt* 6,5; *Lev* 19,8; *Jn* 13,34 s.). Es la «fuerza» que vigoriza nuestra capacidad humana de amar, elevándola, por amor a Dios, en el amor al «hermano» (*1 Jn* 2,9-11). El amor tiene una enorme capacidad transformadora; cambia las tinieblas del odio en luz.

Imaginaos por un momento este magnífico estadio sin luz. No nos veríamos ni oiríamos. ¡Qué triste espectáculo sería! ¡Qué cambio, por el contrario, estando bien iluminado! Con razón puede decirnos San Juan que «el que ama a su hermano está en la luz», mientras que el que le aborrece «está en las tinieblas». Con esa transformación interior se vence el mal, el egoísmo, las envidias, la hipocresía y se hace prevalecer el bien.

Lo hace prevalecer nuestro *conocimiento de Dios* como Padre (cf. *Jn* 2,14). Y, por lo tanto, la visión del hombre como objeto del amor divino, como imagen de Dios, con destino eterno, como ser redimido por Cristo, como hijo del mismo Padre del cielo.

Por ello, no como antagonista, no como adversario, sino como «hermano». ¡Cuántas fuerzas del mal, de desunión, de muerte e insolidaridad se vencerían si esa visión del hombre, no lobo para el hombre, sino *hermano*, se implantara eficazmente en las relaciones entre personas, grupos sociales, razas, religiones y naciones!

Para ello hace falta que, frente a la *pregunta existencial* del «por qué el mal en el mundo», descubramos en nosotros *el amor como deseo de bien*; más aún: como *exigencia de bien*; como exigencia «antigua» y *«nueva», actual*, orientada hacia los coeficientes únicos e irrepetibles de nuestra vida, de nuestro momento histórico, de nuestros compañeros de camino hacia el Padre. Así entraremos en el ámbito de quienes dan una respuesta evangélica al problema del mal y su superación en el bien. Así contribuiremos, desde la fidelidad a nuestra relación con Dios-Padre y al «nuevo mandamiento» de Cristo, que «es verdadero en Él y en nosotros» (cf. *1 Jn* 2,8), a que pasen las tinieblas y aparezca la luz *(ibíd.)*.

Ése es el camino para la construcción del reino de Cristo; donde tienen cabida prevalente los pobres, los enfermos, los perseguidos, porque el hombre es visto en su capacidad y tendencia hacia la plenitud de Dios.

Un reino donde impere la verdad, la dignidad del hombre, la responsabilidad, la certeza de ser imagen de Dios. Un reino en el que se realice el proyecto divino sobre el hombre, basado en el amor, la libertad auténtica, el servicio mutuo, la reconciliación de los hombres con Dios y entre sí.

Un reino al que todos sois llamados para construirlo, no sólo aisladamente, sino también asociados en grupos o movimientos que hagan presente el evangelio y sean luz y fermento para los demás.

Mis queridos jóvenes: la lucha contra el mal se plantea en el propio corazón y en la vida social. Cristo, Jesús de Nazaret, nos enseña cómo superarlo en el bien. Nos lo enseña y nos invita a hacerlo con acento de amigo; *de amigo que no defrauda*, que ofrece una experiencia de amistad, de la que tanto necesita la juventud de hoy, tan ansiosa de amistades sinceras y fieles. *Haced la experiencia de esta amistad con Jesús.* Vividla en la oración con Él, en su doctrina, en la enseñanza de la Iglesia que os la propone.

María Santísima, su Madre y nuestra, os introduzca en ese camino. Y os dé valentía el ejemplo de Santa Teresa, esa extraordinaria mujer y santa; de San Francisco Javier, el del gran corazón para el bien, y de tantos otros compatriotas vuestros que consumieron su vida en hacer el bien a costa de todo, aun de sí mismos.

Jóvenes españoles: el mal es una realidad. Superarlo en el bien es una gran empresa. Brotará de nuevo con la debilidad del hombre, pero no hay que asustarse. La gracia de Cristo y sus sacramentos está a nuestra disposición. Mientras marchemos por el sendero transformador de las bienaventuranzas, estamos venciendo el mal; estamos convirtiendo las tinieblas en luz.

Sea éste vuestro camino; con Cristo, nuestra esperanza, nuestra Pascua. Y acompañados siempre por la Madre común, la Virgen María. Así sea.

Encuentro con los jóvenes en el estadio Santiago Bernabeu, Madrid 3/11/1982

❖ ❖ ❖

> «¡Hosanna al Hijo de David! / ¡Bendito el que viene en nombre del Señor!»
>
> (*Mt* 21,9)

Esta aclamación se refería entonces –y se refiere también hoy– *a Jesús de Nazaret.*

¡Es Él quien viene en nombre del Señor!

¡Es a Él a quien cantan «hosanna»!

¡Él es el bendito; Él es el Mesías!

En el día de su entrada en Jerusalén proclaman esta alegre noticia los labios de los habitantes de la Ciudad Santa y de los numerosos peregrinos.

La proclaman ante todo *los jóvenes*: «*pueri Hebraeorum*».

...

Jesús de Nazaret, a quien hoy cantamos «*Hosanna*» y llamamos «*Bendito*», será condenado a muerte.

El Viernes Santo otros labios –también en la misma ciudad de Jerusalén– gritarán «*¡Crucifícale...! ¡Crucifícale!*» (*Mc* 15,13-14). Gritarán: «Caiga su sangre sobre nosotros y sobre nuestros hijos» (*Mt* 27,25).

¿Por qué?

Busquemos la respuesta en la descripción de los Evangelistas: Mateo, Marcos, Lucas y Juan.

Es la siguiente:

Ante el sanedrín Jesús escuchó la pregunta: «Te conjuro por Dios vivo a que me digas si eres tú el Mesías, *el Hijo de Dios*» (*Mt* 26,63). Él respondió: «*Tú lo has dicho*» (*Mt* 26,64). Entonces el sumo sacerdote se rasgó las vestiduras y el tribunal emitió la sentencia: «Reo es de muerte» (*Mt* 26,66). El motivo de la condena fue religioso. Jesús *fue condenado como blasfemo.*

Ante Pilato, procurador romano, Jesús no es acusado de lo mismo: de haberse llamado Hijo de Dios (cf. *Jn* 19,7), *sino de haber afirmado ser el Mesías rey* (cf. *Lc* 23,2). El motivo de la sentencia es político. Jesús es condenado por *usurpador*.

Sin embargo, entre la una y la otra sentencia ha habido *un coloquio*, en el que el Acusado responde a Pilato así: «Tú dices que soy rey. *Yo para esto he nacido*, y para esto he venido al mundo, *para dar testimonio de la verdad*; todo el que es de la verdad oye mi voz» (*Jn* 18,37). ¿Había comprendido Pilato? Parece que no. No obstante, cuando llevó nuevamente a Jesús, con la corona de espinas sobre la cabeza, ante los acusadores, lo mostró y dijo: «*Ahí tenéis al hombre*» (*Jn* 19,5).

De este modo Jesús de Nazaret, condenado por el sanedrín como blasfemo, es condenado por Pilato como usurpador, *es condenado ante todo como HOMBRE.*

Es condenado porque *ha tomado sobre Sí mismo la causa del hombre*: la causa *eterna* y *última*: «Yo para esto he nacido y para esto he venido al mundo» (*Jn* 18,37).

El *Apóstol Pablo* habla en la liturgia de hoy de la causa del hombre, que Jesucristo ha tomado sobre Sí mismo y que ha llevado hasta en la cruz. El texto *de la Carta a los Filipenses* es conciso y a la vez extraordinariamente rico y profundo.

El Apóstol escribe: Cristo Jesús, «a pesar de tener la forma de Dios, no reputó como botín (codiciable) el *ser igual a Dios*, antes se anonadó, tomando *la forma de siervo*, haciéndose semejante a los hombres» (2,6-7).

¿Quién es Jesucristo?

Es «igual a Dios» (cf. *Flp* 2,6). Es *de la misma naturaleza que el Padre.* Es Dios de Dios, luz de luz. Es el Hijo de Dios. Es Dios verdadero.

Contemporáneamente, este Hijo de Dios, de la misma naturaleza que el Padre, «*se ha hecho hombre*». Es verdadero hombre.

¿Quién es el hombre?

Es una criatura.

«Y creó Dios al hombre a imagen suya, a imagen de Dios lo creó, y los creó varón y mujer» (*Gn* 1,27).

El hombre es criatura de Dios y, *al mismo tiempo, es imagen y semejanza de Dios*.

El problema del hombre, el problema eterno y definitivo

está contenido aquí: el hombre es, entre todas las criaturas del mundo visible, el ser «semejante a Dios» y a la vez criatura.

Cristo ha tomado sobre Sí mismo la causa del hombre, haciéndose hombre. Dios-Hijo, de la misma naturaleza que el Padre, en cuanto hombre *ha tomado un lugar en el orden de las criaturas.* En cierto modo «se despojó a Sí mismo» de la divinidad, permaneciendo Dios-Hijo.

Como hombre-criatura *se ha hecho siervo*: el siervo de su Creador. El siervo de Yahvé.

Sí. Cristo se ha convertido *en el Siervo de Yahvé* según la profecía de Isaías, cuyo texto leemos en la liturgia de hoy.

«He dado mis espaldas a los que me herían, / y mis mejillas a los que me arrancaban la barba. / Y *no escondí mi rostro / ante las injurias y los esputos*» (*Is* 50,6).

...

«El Hijo del Hombre... no ha venido a ser servido, sino a servir» (*Mt* 20,28). A servir a los hombres.

De este modo *toma sobre Sí mismo la causa del hombre para llevarla a cumplimiento.*

El hombre, en efecto, es imagen y semejanza de Dios. Esta *imagen y semejanza* es llevada *al culmen*, cuando el Hijo de Dios, el mismo Verbo eterno se hace hombre.

Contemporáneamente el hombre es criatura. *No puede olvidar* el hecho de ser imagen de Dios. Y tampoco puede olvidar el hecho de ser criatura de Dios. Como criatura es el siervo de su Creador. Ambas realidades determinan fundamentalmente el ser mismo del hombre y su lugar en el cosmos. Ser hombre significa *mantener la proporción justa entre la criatura y la imagen de Dios.* Mantener el equilibrio.

El ser humano *ha perdido este equilibrio.* Se lo ha dejado arrebatar. Consciente y voluntariamente ha seguido la voz del tentador que decía a ambos, a la mujer y al hombre: «*Seréis como Dios,* conocedores del bien y del mal» (*Gén* 3,5). El ser humano ha rechazado en aquel momento la voluntad de Dios, ha destruido la proporción entre la imagen de Dios y la criatura de Dios.

Jesucristo vino al mundo para restaurar, por así decirlo, en su raíz esta proporción, el equilibrio perdido. Por eso Él es el Nuevo Comienzo, *el Nuevo Comienzo de la historia del hombre en Dios.*

Precisamente por esto Él, el Hijo, «igual a Dios», de la misma naturaleza que el Padre, como hombre, asume «la condición de esclavo». Es más: *como hombre*, «haciéndose semejante a los hombres..., *se humilló, haciéndose obediente hasta la muerte*, y muerte de cruz» (*Flp* 2,7-8).

De esta manera establece el comienzo mismo del equilibrio perdido. *Sobre la balanza de la desobediencia original puso su obediencia* hasta la muerte y muerte de cruz.

Cuando agonizaba en la cruz con los brazos clavados al madero, de modo que no podía esconder «el rostro ante las injurias y los esputos...», se cumplieron *las palabras que Cristo dijo* a Pilato: «Yo para esto he venido al mundo, *para dar testimonio de la verdad.*»

Dar testimonio de la Verdad; *de la Verdad sobre Dios y sobre el hombre*; de esta verdad que al inicio de la historia del hombre sobre la tierra fue falsificada. Fue falsificada por aquel a quien la Escritura llama «padre de la mentira» (*Jn* 8,44).

Precisamente ése dijo: seréis «como Dios».

Sin embargo, el hombre es una creatura y al mismo tiempo es imagen de Dios. *No a través de la rebelión y la oposición*, sino *mediante la gracia y el amor* el hombre debe llegar a ser –en Cristo Hijo– *hijo de Dios.*

He aquí que el Hijo del hombre, agonizante en el Gólgota, el Verbo que se hizo carne, da a los hombres el «*poder de venir a ser hijos de Dios*» (*Jn* 1,12).

Este poder se contrapone a la mentira de la eterna tentación.

Así pues, Jesús de Nazaret *tomó sobre Sí mismo la causa del hombre*, la causa eterna y última, la causa del hombre: *ayer y hoy y hasta el final.*

Vosotros, jóvenes, que os habéis reunido aquí –de Roma, de Italia, de los diversos países, naciones y continentes– habéis venido en el *Domingo de Ramos* para repetir:

«¡Hosanna!

»Bendito el que viene en nombre del Señor.»

Habéis venido para escuchar, en el próximo *Viernes Santo*: «Yo para esto he nacido y para esto he venido al mundo, para dar testimonio de la verdad» (*Jn* 18,37).

Cada uno de nosotros *–cada hombre–*, ¿no viene quizá al mundo para dar ante todo testimonio de la verdad?

Que penetre en vosotros profundamente este testimonio que Jesús de Nazaret da de la verdad. *En Él está contenida la causa del hombre*: la causa eterna y a la vez última. Jesucristo existe ayer, hoy y siempre. Y la causa del hombre está en Él *ayer, hoy y siempre.*

Vosotros, jóvenes, conocéis la causa del hombre *hoy, al final del segundo milenio después de Cristo.*

Hoy el hombre está *orgulloso de sus éxitos.* Nunca hemos sido testigos de progresos tan gigantescos en el campo de la ciencia y de la técnica. Las palabras «seréis como Dios», *¿no encuentran aquí su confirmación?*

Y al mismo tiempo, el hombre de hoy se siente amenazado..., amenazado de diversas maneras. Jamás, antes de ahora, el hombre se ha sentido tan amenazado como hoy... Las palabras «seréis como Dios», ¿no encuentran aquí *la negación más radical*?

Los jóvenes se preguntan: *¿Cuál será nuestro futuro* en este «nuevo, magnífico mundo»?

¿Cuál será, en este mundo de la electrónica y de los descubrimientos maravillosos, espléndidos y a la vez amenazadores, *el futuro del hombre, el futuro de la persona*?

¡En este mundo en el que algunos hombres *parecen dominar tan ampliamente*; mientras otros hombres –y son millones, entre ellos niños indefensos– *mueren de hambre*! Se hallan en los campos de refugiados. Son también perseguidos por la fe, por la voz de su conciencia.

Si pudieran reunirse aquí todos los jóvenes de todos los confines y ángulos de la tierra, *la pregunta sobre la causa del hombre hoy se ampliaría con muchas preguntas.* Y en estas preguntas se encontrarían muchos miedos y preocupaciones. Muchas quejas y acusaciones.

¿No advertimos quizá que en este mundo *falta cada vez más el equilibrio* entre el hombre-imagen, de Dios y el hombre-criatura?

¿No advertimos tal vez que en este mundo ha sido *manipulada* y *falsificada* la causa del hombre, la eterna y definitiva? ¿No advertimos que en este mundo se hacen sentir continuamente *las sacudidas cósmicas* y apocalípticas *de la desobediencia original*?

Por ello, a este mundo –el mundo del *segundo milenio* que llega al final– le es necesario continuamente y cada vez más *Aquel que se hizo obediente hasta la muerte* y muerte de cruz. *Cristo* es indispensable al mundo.

Y esto, vosotros, jóvenes, deseáis *profesarlo* hoy junto conmigo. Obispo de Roma y Sucesor de Pedro, con los cardenales, obispos, sacerdotes y personas consagradas aquí presentes. Y deseáis *decirlo en alta voz a todos los hombres* y especialmente a todos vuestros *coetáneos* en el contexto del Año Internacional de la Juventud.

«¡Bendito el que viene en nombre del Señor, hosanna al Hijo de David!»

Dios Eterno, el Padre, el Hijo y el Espíritu Santo, *ha asumido la causa del hombre* –la causa eterna y última del hombre– *en Cristo* que ha dado testimonio de la verdad;

en Cristo, condenado como blasfemo y usurpador;

en Cristo, flagelado y coronado de espinas;

en Cristo crucificado.

Dios ha tomado la causa del hombre, ayer, hoy y siempre.

Y en este Cristo le da un «nuevo comienzo».

De este modo la pregunta sobre la causa del hombre *¡está llena de esperanza!, está llena de confianza...*

He aquí las palabras del mismo Apóstol Pablo:

«Por lo cual Dios *le exaltó* y le otorgó un nombre sobre todo nombre, para que al nombre de Jesús doble la rodilla todo cuanto hay en los cielos, en la tierra y en las regiones subterráneas, *y toda lengua confiese* que Jesucristo es Señor para gloria de Dios Padre» (*Flp* 2,9-11).

Sí, *Jesucristo es el Señor.*

Es el Señor del siglo futuro.

En Él la causa del hombre *se llena de esperanza*. Nuestra «esperanza en Él está llena *de inmortalidad*» (*Sab* 3,4).

Homilía, plaza de San Pedro, Roma 31/3/1985

❖ ❖ ❖

Sobre la moral y la conciencia

> «Preguntad, por tanto, a Cristo como el joven del Evangelio: "¿Qué he de hacer para alcanzar la vida eterna?"»
>
> (*Mc* 10,17)

A este interrogante Jesús responde: «Ya sabes los mandamientos», y a continuación enumera dichos mandamientos que forman parte del Decálogo. Moisés los había recibido sobre el monte Sinaí en el momento de *la Alianza entre Dios e Israel*. Éstos fueron escritos sobre tablas de piedra [1] y constituían para todo israelita una diaria indicación del camino.[2] El joven que habla con Cristo *conoce* naturalmente de memoria los mandamientos del Decálogo; es más, puede decir con alegría: «Todo esto lo he guardado desde mi juventud.» [3]

Hemos de suponer que en este diálogo que Cristo sostiene con cada uno de vosotros, jóvenes, *se repita la misma pregunta: ¿Sabes los mandamientos?* Ésta se repetirá infaliblemente, porque los mandamientos forman parte de la Alianza entre Dios y la humanidad. Los mandamientos determinan las bases esenciales del comportamiento, deciden el *valor moral de los actos humanos*, permanecen en relación orgánica con la vocación del hombre a la vida eterna, con la instauración del reino de Dios en los hombres y entre los hombres. En la palabra de la Revelación divina está escrito con claridad el *código de la moralidad* del cual permanecen como punto clave las tablas del Decálogo del monte Sinaí y cuyo ápice se encuentra en el Evangelio: en el Sermón de la Montaña [4] y en el mandamiento del amor.[5]

Este código de moralidad encuentra al mismo tiempo otra redacción. Dicho código está inscrito *en la conciencia moral de la humanidad* de tal manera que quienes no conocen los mandamientos, esto es, la ley revelada por Dios, «son para sí mismos ley».[6] Así lo escribe San Pablo en la Carta a los Romanos; y añade a continuación: «Con esto muestran que los preceptos de la ley están *inscritos en sus corazones*, siendo testigo su conciencia».[7]

Tocamos aquí problemas de suma importancia para vuestra juventud y para el proyecto de vida que de ella emerge.

Dicho proyecto se conforma con la perspectiva de la vida eterna en primer lugar *a través de la verdad de las obras* sobre las que será construido. La verdad de las obras halla su fundamento en aquella doble redacción de la ley moral: la que se encuentra escrita en las tablas del Decálogo de Moisés y en el Evangelio, y la que está esculpida en la conciencia moral del hombre. Y la conciencia se *presenta como testigo de aquella ley*, como escribe San Pablo. Esta conciencia –según las palabras de la Carta a los Romanos– son «las sentencias con que entre sí unos y otros se acusan o se excusan».[8] Cada uno sabe hasta qué punto estas palabras corresponden a nuestra realidad interior; cada uno de nosotros desde la juventud experimenta la voz de la conciencia.

Por tanto, cuando Jesús en el coloquio con el joven enumera los mandamientos: «No matarás, no adulterarás, no robarás, no levantarás falso testimonio, no defraudarás, honra a tu padre y a tu madre»,[9] la recta *conciencia* responde a las respectivas obras del hombre con una reacción interior: ella *acusa o excusa*. Hace falta, sin embargo, que la conciencia no esté desviada; hace falta que la formulación fundamental, de los principios de la moral, no ceda a la *deformación* bajo la acción de cualquier tipo de relativismo o utilitarismo.

¡Queridos jóvenes amigos! La respuesta que Jesús da a su interlocutor del Evangelio se dirige a cada uno y a cada una de vosotros. Cristo os interroga sobre el *estado de vuestra sensibilidad moral* y pregunta al mismo tiempo sobre *el estado de vuestras conciencias*. Es ésta una pregunta clave para el hombre; es el interrogante fundamental de vuestra juventud, válida para todo el proyecto de vida que, precisamente, ha de construirse durante la juventud. Su valor es el que está más estrechamente unido a la relación que cada uno de vosotros tiene respecto *al bien y al mal moral*. El valor de este proyecto depende en modo esencial de la autenticidad y de la rectitud de vuestra conciencia. Depende también de su *sensibilidad*.

De esta manera nos hallamos aquí en un momento crucial, en el que temporalidad y eternidad se encuentran a cada paso a un nivel que es propio del hombre. Es el nivel de la conciencia, *el nivel de los valores morales*; ésta es la dimensión más importante de la temporalidad y de la historia. En efecto, la historia se escribe no sólo con los acontecimientos que se suceden en cierta manera «desde fuera», sino que está inscrita antes que nada «desde dentro»: *es la historia de la conciencia humana*, de las victorias o de las derrotas morales. Aquí encuentra también su fundamento la esencial grandeza del hombre; su dignidad auténticamente humana. Éste es el tesoro interior con el que el hombre se supera constantemente a sí mismo en dirección a la eternidad. Si es verdad que «está establecido que los hombres mueren una sola vez», es también verdad que el tesoro de la conciencia, el depósito del bien y del mal, lo lleva el hombre más allá de la frontera de la muerte para que, en presencia de *Aquel que es la santidad misma*, encuentre la última y definitiva verdad sobre toda su vida: «Después de esto viene el juicio.» [10]

Así sucede precisamente con la conciencia: en la verdad interior de nuestros actos se halla, en cierto sentido, constantemente presente la dimensión de la vida eterna. Y a la vez la misma conciencia, a través de los valores morales, imprime el sello más expresivo en la vida de las generaciones, en la historia y en la cultura de los ambientes humanos, de la sociedad, de las naciones y de la humanidad entera.

¡Cuánto depende en este campo de cada uno y cada una de vosotros!

«Jesús, poniendo en él los ojos, le amó»

Continuando en el examen del coloquio de Cristo con el joven, entramos ahora en otra *fase*. Ésta es *nueva y decisiva*. El joven ha recibido la respuesta esencial y fundamental a su pregunta: «¿Qué he de hacer para alcanzar la vida eterna?» Y esta respuesta coincide con todo el camino recorrido hasta ahora en su vida: «Todo esto lo he guardado desde mi juventud.» ¡Cómo deseo ardientemente para cada uno de vosotros que *el camino de vuestra vida recorrido* hasta ahora coincida de igual modo con la respuesta de Cristo! Más aún, deseo que la juventud os dé una base robusta de sanos principios; que vuestra conciencia consiga ya en estos años de la juventud aquella transparencia madura que en vuestra vida os permitirá a cada uno ser siempre «personas de conciencia», «personas de principios», «personas *que inspiran confianza*», esto es, que son creíbles. La personalidad moral así formada constituye a la vez la contribución más esencial que vosotros podréis aportar a la *vida comunitaria*, a la familia, a la sociedad, a la actividad profesional y también a la actividad cultural o política, y, finalmente, a la comunidad misma de la Iglesia con la que estáis o podréis estar ligados un día.

Se trata aquí a la vez de una plena y profunda autenticidad de la humanidad y de una igual *autenticidad* en el desarrollo de la *personalidad humana*, femenina o masculina, con todas las características que constituyen el rasgo irrepetible de esta personalidad y que al mismo tiempo provocan una múltiple resonancia en la vida de la comunidad y de los ambientes, comenzando por la familia. Cada uno de vosotros debe contribuir de algún modo a *la riqueza* de estas *comunidades*, en primer lugar, mediante *lo que él es*. ¿No se abre en esta dirección la juventud que es la riqueza «personal» de cada uno de vosotros? El hombre se lee a sí mismo, su propia humanidad, tanto como el propio *mundo interior*, cuanto como el *terreno* específico *del ser «con los demás», «para los demás»*.

Justamente aquí asumen un significado decisivo los mandamientos del Decálogo y del Evangelio, especialmente *el mandamiento de la caridad* que abre al hombre hacia Dios y hacia el prójimo. La caridad, de hecho, es «el vínculo de la perfección».[11] Por medio de ella maduran más plenamente el hombre y la *fraternidad interhumana*. Por esto *la caridad* es más grande,[12] es el primero entre todos los mandamientos; es el primero de ellos, como nos enseña Cristo;[13] en él, todos los demás están encerrados y unificados.

Os deseo, pues, a cada uno de vosotros que los caminos de vuestra juventud se encuentren con Cristo para que podáis confirmar ante Él, *con el testimonio de la conciencia*, este código evangélico de la moral a cuyos valores, en el curso de las generaciones, se han acercado de alguna manera tantos hombres grandes de espíritu.

No es éste el lugar de citar las comprobaciones de ello que se hallan en toda la historia de la humanidad. Es verdad que desde los tiempos más antiguos *el dictamen de la conciencia* orienta a cada sujeto humano hacia una norma moral objetiva que encuentra su expresión concreta en el respeto de la persona del otro y en el principio de no hacerle lo que no queremos que se nos haga.[14]

En esto vemos ya emerger claramente aquella moral objetiva de la que San Pablo afirma que está escrita «en los corazones» y que recibe el testimonio de la conciencia.[15] El cristiano percibe allí fácilmente un rayo del Verbo creador que ilumina a todo hombre[16] y, precisamente por ser seguidor de este Verbo hecho carne, se eleva a la ley superior del Evangelio que positivamente –con el mandamiento de la caridad– le impone hacer al prójimo *todo el bien* que quiere para sí mismo. De esta manera él sella la voz íntima de su conciencia con la adhesión absoluta a Cristo y a su palabra.

Os deseo que experimentéis, tras el discernimiento de los problemas esenciales e importantes para vuestra juventud, para el proyecto de toda la vida que se abre ante vosotros, aquello de que habla el Evangelio: *«Jesús, poniendo en él los ojos, le amó.»* ¡Deseo que experimentéis una mirada así! ¡Deseo que experimentéis la verdad de que Cristo os mira con amor!

Él mira con amor a todo hombre. El Evangelio lo confirma a cada paso. Se puede también decir que en esta «mirada amorosa» de Cristo está contenida casi como en resumen y síntesis toda la *Buena Nueva*. Si buscamos el principio de esta mirada, es necesario volver atrás *al libro del Génesis*, a aquel instante en el que, tras la creación del hombre «varón y mujer» *Dios vio que «era muy bueno»*.[17] Esta primera mirada del Creador se refleja en la mirada de Cristo que acompaña la conversación con el joven del Evangelio.

Sabemos que *Cristo confirmará* y sellará esta mirada *con el sacrificio redentor de la cruz*, puesto que precisamente por medio de este sacrificio, aquella «mirada» ha alcanzado una particular profundidad de amor. En ella está contenida una tal *afirmación del hombre y de la humanidad* de la que sólo Cristo, Redentor y Esposo, es capaz. Solamente Él conoce lo que hay en el hombre: [18] conoce su *debilidad*, pero conoce también y sobre todo su *dignidad*.

Deseo a cada uno y cada una de vosotros que descubráis esta *mirada* de Cristo y que la experimentéis hasta el fondo. No sé en qué momento de la vida. Pienso que el momento llegará cuando más falta haga; acaso en el sufrimiento; acaso también con el testimonio de una conciencia pura como en el caso del joven del Evangelio, *o acaso* precisamente en la situación opuesta: *junto al sentimiento de culpa*, con el remordimiento de conciencia. Cristo, de hecho, miró también a Pedro en la hora de su caída, cuando por tres veces había negado a su Maestro.[19]

Al hombre le *es necesaria esta mirada amorosa*; le es necesario saberse amado, saberse *amado eternamente* y haber sido elegido desde la eternidad.[20] Al mismo tiempo, este amor eterno de elección divina acompaña al hombre durante su vida como la mirada de amor de Cristo. Y acaso con mayor fuerza en *el momento de la prueba, de la humillación, de la persecución, de la derrota*, cuando nuestra humanidad es casi borrada a los ojos de los hombres, es ultrajada y pisoteada; entonces la conciencia de que el Padre nos ha amado siempre en su Hijo, de que Cristo ama a cada uno y siempre, se convierte en un sólido punto de apoyo para toda nuestra existencia humana. Cuando todo hace dudar de sí mismo y del sentido de la propia existencia, entonces esta mirada de Cristo, esto es, la *conciencia del amor* que en Él se ha mostrado más fuerte que todo mal y que toda destrucción, dicha conciencia *nos permite sobrevivir*.

Os deseo, pues, que experimentéis lo que sintió el joven del Evangelio: «Jesús, poniendo en él los ojos, le amó.»

Del examen del texto evangélico resulta que esta mirada fue, por así decirlo, la respuesta de Cristo al testimonio que el joven había dado de su vida hasta aquel momento, o sea, haber actuado según los mandamientos de Dios: «Todo esto lo he guardado desde mi juventud.»

A la vez, esta «mirada de amor» fue la introducción a la frase conclusiva de la conversación. Siguiendo la redacción de Mateo, fue el mismo joven quien inició esta frase, dado que no sólo constató su fidelidad respecto a los mandamientos del Decálogo, que caracterizaba su conducta anterior, sino que contemporáneamente formuló una nueva pregunta. De hecho preguntó: «¿Qué me queda aún?» (*Mt* 19,20).

Esta pregunta es muy importante. Indica que en la conciencia moral del hombre y, concretamente, del hombre joven, que forma el proyecto de toda su vida, está escondida la aspiración a «algo más». Este deseo se siente de diversos modos, y podemos advertirlo también entre aquellas personas que dan la impresión de estar alejadas de nuestra religión.

Carta apostólica a los jóvenes y a las jóvenes del mundo, Roma 31/3/1985, párr. 6-7

❖ ❖ ❖

...

Las palabras que María oyó durante la Visitación se cumplieron admirablemente: desde el nacimiento de Jesús en Belén hasta la cruz en el Gólgota y, luego, desde la mañana de Pascua hasta el día de Pentecostés. En todas estas etapas de su peregrinación terrena, María conoció cada vez más profundamente todas *«las maravillas que el Poderoso hizo en su favor»* (cf. *Lc* 1,49). Y todas esas «maravillas» *(magnalia Dei)* alcanzan su coronamiento casi definitivo en la Asunción. María entra como esposa del Espíritu Santo en la casa del destino supremo del hombre. En la morada de la Santísima Trinidad se encuentra su morada eterna. Y aquí, en la tierra, *«todas las generaciones la llamarán bienaventurada»* (cf. *Lc* 1,48).

Y también nosotros –esta comunidad particular de jóvenes– proclamamos a María bienaventurada entre todas las mujeres, rindiendo así el honor supremo al Hijo unigénito del Padre, el fruto bendito de su seno. Efectivamente, en él «todos recibimos la adopción de hijos» (cf. *Rm* 8,15).

La liturgia de la solemnidad de la Asunción no termina aquí. Nos hace mirar *hacia el «Santuario de Dios que se abrió en el cielo»* (cf. *Ap* 11,19), en el que todos los hijos adoptivos de Dios, junto con la Madre de Dios, toman parte como «coherederos de Cristo» en la vida inefable del Padre y del Hijo y del Espíritu Santo, que es la plenitud definitiva de toda verdad y amor. El libro del Apocalipsis nos hace contemplar, además, *la Asunción de María como «un signo grandioso»*: «Una mujer vestida del sol, con la luna bajo sus pies, y una corona de doce estrellas» (*Ap* 12,1). Por tanto, éste es el signo de ese cumplimiento, que alcanza las dimensiones de todo el cosmos. Las criaturas, en la totalidad de su múltiple riqueza, retornan en este signo a Dios, que es el Creador, o sea, el Comienzo absoluto de todo lo que existe.

En este signo retorna a Dios el hombre, creado a imagen y semejanza de Dios. Todos nosotros debemos retornar de la misma manera, si hemos recibido la filiación adoptiva en el Hijo unigénito de Dios, quien por nuestra adopción se hizo Hijo del hombre: hijo de María.

Sin embargo, *ese retorno omnicomprensivo* de los hijos al Padre *está unido a un drama particular a lo largo de toda la historia del hombre en la tierra.* La liturgia de hoy pone de relieve este drama con las palabras de la Carta de San Pablo a los Corintios: «Habiendo venido por un hombre la muerte (...), en Adán mueren todos» (*1 Co* 15,21-22). Esta muerte tiene una dimensión más profunda que la muerte meramente biológica.

Es *una muerte que afecta al espíritu*, privándolo de la vida que proviene de Dios mismo. El pecado es la causa de esta muerte, pues es rebelión contra Dios por parte de la criatura racional y libre.

El drama se remonta a los orígenes, cuando el hombre, tentado por el Maligno, quiso alcanzar su propia realización de forma autónoma. «Seréis como dioses, conocedores del bien y del mal», fue la instigación de la serpiente (cf. *Gn* 3,5); es decir, seréis capaces de decidir por vosotros mismos acerca de lo que es bueno y lo que es malo, independientemente de la Fuentes de la Verdad y del Bien, que es Dios mismo.

Precisamente este drama, el drama original, encuentra su expresión simbólica en el marco grandioso que nos presenta la liturgia de este día. *Delante de la mujer vestida de sol*, símbolo del cosmos transformado en el reino de Dios vivo, aparece *otro símbolo*, el del *Maligno* del drama original. En la

Sagrada Escritura tiene diferentes nombres. Aquí está representado por un *dragón*, que quiere devorar al niño que la mujer ha dado a luz, el pastor «de todas las naciones» (cf. *Ap* 12,4-5).

El último libro del Nuevo Testamento confirma, por consiguiente, al primero, el Génesis: «Enemistad pondré entre ti y la mujer, y entre tu linaje y su linaje» (*Gn* 3,15). La historia humana se presenta así como una larga serie de combates y de luchas entre el bien y el mal, entre el Padre eterno, que ama el mundo hasta entregar a su Hijo unigénito, y el «padre de la mentira», que es «homicida desde el principio» (cf. *Jn* 8,44).

¿Por qué razón lucha, pues, el «padre de la mentira»? Lucha para privar al hombre de la filiación divina adoptiva, para quitarle la herencia que el Padre le otorgó en Cristo.

Lucha contra la Mujer, que es la Madre virginal del Redentor del mundo, contra aquella que es el modelo sublime de la Iglesia (cf. *Lumen gentium*, 53).

El signo de la «Mujer» en el Apocalipsis indica a la Madre de Dios y a la Iglesia. Indica a todos los que «son guiados por el Espíritu de Dios». Todos los que, junto con Cristo, como hijos en el Hijo, claman: «¡Abbá, Padre!»

Ese signo se refiere también a nosotros. Al clamar junto con Cristo «Abbá, Padre», participamos como hijos adoptivos en la victoria pascual de la cruz y la resurrección, en la que María participó antes que nadie: ¡María elevada al cielo!

Queridos amigos, os habéis reunido aquí, desde muchos lugares; habláis muchas lenguas diferentes. Traéis en vosotros el patrimonio de muchas culturas, de muchas experiencias históricas. *De diversos modos* habéis experimentado y *experimentáis*, vosotros y vuestras sociedades, *la lucha que a través de toda la historia del hombre se lleva a cabo en el hombre y por el hombre.*

Nuestro siglo ha sido y sigue siendo un campo de batalla donde se libra esa lucha. Generaciones enteras han sido envueltas en semejante lucha, de la que todos y cada uno de nosotros somos los auténticos protagonistas: *todo hom-*

bre, en la realidad de la creación a imagen y semejanza de Dios, que sufre, al mismo tiempo, *la tentación* de transformar esa imagen y semejanza en un reto dirigido a su Creador y Redentor. La tentación de rechazarlo. *La tentación de vivir su propia vida aquí, en la tierra, como «si Dios no existiera».* Como si no existiera Dios en toda su realidad trascendente. Como si no existiera su amor al hombre, amor que movió al Padre «a entregar» a su Hijo unigénito para que el hombre, por medio de él, tuviera la vida eterna en dios.

En esa lucha, en la sucesión de esos combates espirituales, se emplean muchos medios *para privar a los hombres de su herencia: la «adopción como hijos».* Vosotros, los jóvenes, *habéis venido* aquí en peregrinación *con la finalidad de confirmar esta adopción* como hijos, con el propósito de optar nuevamente por ella. Para modelar con ella vuestra existencia humana; para acercaros y atraer a los demás hacia ella.

¡Sed felices!

Sed felices junto con María, que creyó en el cumplimiento de las palabras que le dijo el Señor.

¡Sed felices! Ojalá que el signo de la mujer vestida de sol camine con vosotros, con cada una y cada uno, a lo largo de todos los senderos de la vida. Ojalá que os conduzca al cumplimiento en Dios de vuestra adopción como hijos en Cristo.

¡El Señor ha hecho verdaderamente maravillas en vosotros!

Homilía, Czestochowa 15/8/1991, párr. 2-6

❖ ❖ ❖

Muy queridos jóvenes:

En el mundo presenciamos la «sucesión de los imperios», es decir, la sucesión de intentos de unidad política que determinados hombres imponen a otros hombres.

Los resultados están a la vista de todos. No es posible construir una verdadera y constante unidad mediante la constricción y la violencia. Una meta tan alta sólo se puede alcanzar construyendo sobre el fundamento de un común patrimonio de valores acogidos y compartidos, como, por ejemplo, el respeto a la dignidad del ser humano, la acogida de la vida, la defensa de los derechos del hombre, la apertura a la trascendencia y a las dimensiones del espíritu.

En esta perspectiva, respondiendo a los desafíos del tiempo que cambia, el encuentro mundial de los jóvenes quiere ser *semilla y propuesta de una nueva unidad*, que trasciende el orden político, pero que lo ilumina. Se funda en la certeza de que sólo el Artífice del corazón humano puede dar una respuesta adecuada a los deseos que en él se albergan. De esta forma la Jornada Mundial de la Juventud se convierte en el anuncio de Cristo que proclama, también a los hombres de este siglo: «Yo he venido para que tengan vida y la tengan en abundancia» (*Jn* 10,10).

Entramos así de lleno en el tema que guiará la reflexión durante este año de preparación a la próxima «Jornada».

En todas las lenguas existen varios términos para expresar lo que el hombre no quiere perder bajo ningún concepto, lo que constituye su aspiración, su deseo, su esperanza; *pero ninguna otra palabra como el término «vida»* logra resumir en todas ellas de forma tan completa las mayores aspiraciones del ser humano. «Vida» indica la suma de los bienes deseados y al mismo tiempo aquello que los hace posible, accesibles, duraderos.

¿Acaso la historia del hombre no está marcada por una fatigosa y dramática búsqueda de algo o alguien que sea capaz de liberarlo de la muerte y de asegurarle la vida?

La existencia humana conoce momentos de crisis y de cansancio, de desilusión y de oscuridad. Se trata de una experiencia de insatisfacción que se refleja bien en tanta literatura y en tanto cine de nuestros días. A la luz de un esfuerzo tan grande es fácil comprender la particular dificultad de los adolescentes y de los jóvenes que se dirigen, con el corazón encogido, hacia ese conjunto de promesas fascinantes y de oscuras incógnitas que presenta la vida.

Jesús ha venido para dar la respuesta definitiva al deseo de vida y de infinito que el Padre celeste, creándonos, ha inscrito en nuestro ser. En la culminación de la revelación, el Verbo encarnado proclama: «Yo soy la vida» (*Jn* 14,6), y también: «Yo he venido para que tengan vida» (*Jn* 10,10). ¿Pero qué vida? La intención de Jesús es clara: *la misma vida de Dios*, que está por encima de todas las aspiraciones que pueden nacer en el corazón humano (cf. *1 Co* 2,9). Efectivamente, por la gracia del bautismo, nosotros ya somos hijos de Dios (cf. *1 Jn* 3,1-2).

Jesús ha salido al encuentro de los hombres, ha curado a enfermos y a los que sufren, ha liberado a endemoniados y resucitado a muertos. Se ha entregado a sí mismo en la cruz y ha resucitado, manifestándose de esta forma como *el Señor de la vida*: autor y fuente de la vida inmortal.

La experiencia cotidiana nos enseña que la vida está marcada por el *pecado* y amenazada por la *muerte*, a pesar de la sed de bondad que late en nuestro corazón y del deseo de vida que recorre nuestros miembros. Por poco que estemos atentos a nosotros mismos y a las situaciones que la existencia nos presenta, descubrimos que *todo dentro de nosotros nos empuja más allá de nosotros mismos*, todo nos invita a superar la tentación de la superficialidad o de la desesperación. Es entonces cuando el ser humano está llamado a hacerse discípulo de aquel Otro que lo trasciende infinitamente, para entrar finalmente en la vida eterna.

Existen *falsos profetas y falsos maestros de vida*. Hay maestros que enseñan a salir del cuerpo, del tiempo y del espacio para poder entrar en la «vida verdadera». Éstos condenan la creación y, en nombre de un falso espiritualismo, conducen a miles de jóvenes por caminos de una liberación imposible, que al final los deja más solos, víctimas del propio engaño y del propio mal.

Aparentemente en el polo opuesto, los maestros del «carpe diem» invitan a seguir toda inclinación o apetencia instintiva, con el resultado de hacer caer al individuo en una angustia llena de inquietud, acompañada de peligrosas evasiones hacia falaces paraísos artificiales, como el de la droga.

También hay maestros que sitúan el sentido de la vida exclusivamente en el éxito, en el deseo de riquezas, en el desarrollo de las capacidades personales, sin tener en cuenta la existencia de los otros ni el respeto por los valores, ni siquiera por el valor fundamental de la vida.

Estos y otros tipos de falsos maestros de vida, numerosos también en el mundo contemporáneo, proponen objetivos que no sólo no sacian, sino que agudizan y aumentan la sed que arde en el alma del hombre.

¿Quién podrá por tanto medir y colmar sus deseos?

¿Quién, sino Aquel que, siendo el autor de la vida, puede saciar el deseo que él mismo ha puesto dentro de su corazón? Él se acerca a cada uno para proponerle el anuncio de una esperanza que no engaña; él, que es al mismo tiempo el camino y la vida: *el camino para entrar en la vida.*

Nosotros solos no sabremos realizar aquello para lo que hemos sido creados. En nosotros hay una promesa, pero nos descubrimos impotentes para realizarla. Sin embargo, el Hijo de Dios, que vino entre los hombres, dijo: «Yo soy el camino, la verdad y la vida» (*Jn* 14,6). Según una sugestiva expresión de San Agustín, Cristo «ha querido crear un lugar donde cada hombre pueda encontrar la vida verdadera». Este «lugar» es su Cuerpo y su Espíritu, en el que toda la realidad humana, redimida y perdonada, se renueva y diviniza.

Efectivamente, la vida de cada uno de nosotros ha sido pensada antes de la creación del mundo, y con razón podemos repetir con el salmista: «Señor, tú me sondeas y me conoces... tú has creado mis entrañas, me has tejido en el seno materno» (*Sal* 139).

Esta vida, que estaba en Dios desde el principio (cf. *Jn* 1,4), es vida que se dona, que nada retiene para sí y que, sin cansarse, libremente se comunica. Es luz, «la luz verdadera que ilumina a todo hombre» (*Jn* 1,9). Es Dios, que vino a poner su tienda entre nosotros (cf. *Jn* 1,14) para indicarnos el camino de la inmortalidad propia de los hijos de Dios y para hacerlo accesible.

En el misterio de su cruz y de su resurrección, Cristo ha destruido la muerte y el pecado, ha abolido la distancia infinita que existía entre cada hombre y la vida nueva en él. «Yo soy la resurrección y la vida –proclama–; quien cree en mí, aunque muera, vivirá; y todo el que vive y cree en mí, no morirá jamás» (*Jn* 11,25).

Cristo realiza todo esto donando su Espíritu, dador de vida, *en los sacramentos*; particularmente en el *bautismo*, sacramento que hace de la existencia recibida de los padres, frágil y destinada a la muerte, un camino hacia la eternidad; en el sacramento de la *penitencia* que renueva continuamente la vida divina gracias al perdón de los pecados; en la *Eucaristía* «pan de vida» (cf. *Jn* 6,35), que alimenta a los «vivos» y hace firmes sus pasos en la peregrinación terrena, hasta poder llegar a decir con el Apóstol San Pablo: «Yo vivo, pero no yo, sino que es Cristo quien vive en mí» (*Ga* 2,20).

La vida nueva, don del Señor resucitado, se irradia después a todos los ámbitos de la experiencia humana: en la familia, en la escuela, en el trabajo, en las actividades de todos los días y en el tiempo libre.

La vida nueva comienza a florecer aquí y ahora. Signo de su presencia y de su crecimiento es la caridad: «Nosotros sabemos que hemos pasado de la muerte a la vida –afirma San Juan– porque amamos a nuestros hermanos» (*1 Jn* 3,14) con un amor de obra y en verdad. La vida florece en el don de sí a los otros, según la vocación de cada uno: en el sacerdocio ministerial, en la virginidad consagrada, en el matrimonio, de modo que todos puedan, con actitud solidaria, compartir los dones recibidos, sobre todo con los pobres y los necesitados.

Aquel que «nazca de lo alto» será capaz de «ver el reino de Dios» (cf. *Jn* 3,3) y de comprometerse en la construcción de estructuras sociales más dignas del hombre y de cada hombre, en la promoción y defensa de la cultura de la vida contra cualquier amenaza de muerte.

Queridos jóvenes, vosotros os hacéis intérpretes de una pregunta que, frecuentemente, os hacen muchos de vuestros amigos: ¿Cómo y dónde podemos encontrar esta vida, cómo y dónde podremos vivirla?

La respuesta la podéis encontrar vosotros mismos, si tratáis de permanecer fielmente en el amor de Cristo (cf. *Jn* 15,9). Vosotros podréis experimentar directamente la verdad de su palabra: «Yo soy... la vida» (*Jn* 14,6), y podréis llevar a todos este gozoso anuncio de esperanza. Él os ha constituido sus embajadores, primeros evangelizadores de vuestros coetáneos.

...

Mensaje a los jóvenes y a las jóvenes del mundo para la VII Jornada Mundial de la Juventud, Roma 15/8/1992, párr. 1-6

❖ ❖ ❖

FORMAD BIEN VUESTRA CONCIENCIA PARA QUE SEÁIS LUZ DEL MUNDO

I

En este punto, los jóvenes reunidos en Denver podrían preguntarse: ¿qué va a decir el Papa sobre la vida?

Mis palabras serán una profesión de *la fe de Pedro*, el primer Papa. Mi mensaje no diferirá de lo que se ha transmitido desde el principio, porque no es mío; es *la buena nueva de Jesucristo mismo.*

El Nuevo Testamento presenta a Simón –a quien Jesús llamó Pedro, Roca– como un discípulo de Cristo vigoroso y apasionado. Pero él también dudó y, en un momento decisivo, incluso negó ser seguidor de Jesús. Ahora bien, a pesar de esas debilidades humanas, Pedro fue el primer discípulo que hizo profesión pública de fe en el Maestro. Un día, Jesús preguntó: «Y vosotros, ¿quién decís que soy yo?», y Pedro respondió: «*Tú eres el Cristo, el Hijo de Dios vivo*» (*Mt* 16,16).

Comenzando por Pedro, el primer testigo apostólico, innumerables testigos, hombres y mujeres, jóvenes y ancianos, de todas las naciones de la tierra, han proclamado su fe en Jesucristo, verdadero Dios y verdadero hombre, el Redentor del hombre, el Señor de la historia, el Príncipe de la paz. Como Pedro, también ellos han preguntado: «*Señor, ¿a quién vamos a ir? Tú tienes palabra de vida eterna*» (*Jn* 6,68).

Esta tarde nosotros profesamos la misma fe de Pedro. *Creemos que Jesucristo tiene palabras de vida*, y que él dirige estas palabras a la Iglesia, a todos los que le abren su mente y su corazón con fe y confianza.

«*Yo soy el buen pastor. El buen pastor da su vida por las ovejas*» (*Jn* 10,11). Nuestra primera reflexión se inspira en estas palabras de Jesús, que nos refiere el evangelio de San Juan.

El buen pastor da su vida. *La muerte ataca a la vida*.

A la luz de nuestra experiencia humana, *la muerte es el enemigo de la vida*. Es un intruso que frustra nuestro deseo natural de vivir. Eso resulta evidente de manera especial en el caso de una muerte improvisa o violenta, y sobre todo en el caso del asesinato de un inocente.

No debe asombrarnos, por tanto, que entre los diez mandamientos el Señor de la vida, el Dios de la alianza, haya dicho en el monte Sinaí: «*No matarás*» (*Ex* 20,13; cf. *Mt* 5,21).

La palabras «No matarás» fueron esculpidas *en las tablas de la alianza,* en las tablas de piedra de la Ley. Pero, ya antes, esa ley había sido esculpida *en el corazón humano*, en el santuario de toda conciencia individual. En la Biblia, el primero que experimentó la fuerza de esta ley fue Caín, que mató a su hermano Abel. Inmediatamente después de ese terrible crimen, sintió todo el peso de haber quebrantado el mandamiento de no matar. Aunque trató de escapar de la verdad, diciendo: «*¿Soy yo acaso el guarda de mi hermano?*»

(*Gn* 4,9), la voz interior seguía repitiéndole: «*Eres un asesino.*» La voz era su conciencia, y no podía acallarse.

Con el tiempo, las amenazas contra la vida no disminuyen. Al contrario, adquieren dimensiones enormes. No se trata sólo de amenazas procedentes del exterior, de las fuerzas de la naturaleza o de los *Caínes* que asesinan a los *Abeles*; no, se trata de *amenazas programadas de manera científica y sistemática.* El siglo XX será considerado una época de ataques masivos contra la vida, una serie interminable de guerras y una destrucción permanente de vidas humanas inocentes. Los falsos profetas y los falsos maestros han logrado el mayor éxito posible.

Del mismo modo, *falsos modelos de progreso han llevado a poner en peligro el equilibrio ecológico de la tierra.* El hombre, hecho a imagen y semejanza del Creador, estaba llamado a ser *el buen pastor del medio ambiente*, marco de su existencia y de su vida. Es la tarea que recibió desde hace mucho tiempo y que la familia humana asumió, no sin éxito, a lo largo de toda su historia, hasta *una época reciente, en la que el hombre mismo se convirtió en destructor de su ambiente natural.* Esto ya ha ocurrido en algunos lugares, o está a punto de ocurrir.

Pero hay más. Asistimos también a la difusión de *una mentalidad de lucha contra la vida*, una actitud de hostilidad hacia la vida en el seno materno y hacia la vida en sus últimas fases. Precisamente en este tiempo, en que la ciencia y la medicina han logrado una mayor capacidad de velar por la salud y la vida, *las amenazas contra la vida se hacen más insidiosas. El aborto y la eutanasia* –asesinato real de un ser humano verdadero– son reivindicados como *derechos* y soluciones a *problemas*: problemas individuales o problemas de la sociedad. *La matanza de los inocentes* no deja de ser acto pecaminoso o destructivo por el mero hecho de realizarse de modo legal y científico. En las metrópolis modernas, la vida –primer don de Dios y derecho fundamental de todo individuo, base de todos los demás derechos– es tratada a menudo nada más como *una mercan-*

cía que se puede organizar, comercializar y manipular a gusto personal.

Todo esto sucede mientras *Cristo, el buen pastor*, quiere que tengamos la vida. *Conoce lo que amenaza la vida*; sabe reconocer al lobo que llega para robar y dispersar a las ovejas. Sabe detectar a los que intentan entrar en el rebaño, pero son ladrones y asalariados (cf. *Jn* 10,1.13). Se da cuenta de cuántos jóvenes dilapidan su existencia evadiéndose hacia la irresponsabilidad y la falsedad. Droga, abuso de sustancias alcohólicas, pornografía y desorden sexual, violencia: son algunos problemas graves que requieren una seria respuesta de la sociedad entera, en todo país y a nivel internacional. Pero también constituyen tragedias personales que es preciso afrontar con actos interpersonales concretos de amor y solidaridad, gracias a *una gran renovación de la propia responsabilidad personal ante Dios*, ante los demás y ante nuestra misma conciencia. Somos guardas de nuestros hermanos (cf. *Gn* 4,9).

II

¿Por qué la conciencia de los jóvenes no se rebela contra esta situación, sobre todo contra el mal moral, que brota de opciones personales? ¿Por qué tantos se acomodan en actitudes y comportamientos que ofenden la dignidad humana y desfiguran la imagen de Dios en nosotros? Lo normal sería que la conciencia señalara el peligro mortal que encierra para el individuo y para la humanidad el hecho de aceptar tan fácilmente el mal y el pecado. Y, en cambio, no siempre sucede así. ¿Será *porque la misma conciencia está perdiendo la capacidad de distinguir el bien del mal*?

En una cultura tecnológica, en que estamos acostumbrados a dominar la materia, descubriendo sus leyes y sus mecanismos, para transformarla según nuestra voluntad, surge el peligro de querer manipular también la conciencia y sus exigencias. En una cultura que sostiene que no puede existir ninguna verdad universalmente válida, nada es absoluto. Así pues, al fin y al cabo –dicen– la bondad objetiva y el mal ya no importan. El bien se convierte en lo que agrada o es útil en un momento particular, y el mal es lo que contradice nuestros deseos subjetivos. Cada persona puede construir un sistema privado de valores.

Jóvenes, no cedáis a esa falsa moralidad tan difundida. No asfixiéis vuestra conciencia. La conciencia es el núcleo más secreto y el sagrario del hombre, en el que éste se siente a solas con Dios (cf. *Gaudium et spes*, 16). «En lo más profundo de su conciencia descubre el hombre la existencia de una ley que él no se dicta a sí mismo, pero a la cual debe obedecer» *(ib.)*. Esa ley no es una ley humana externa, sino la voz de Dios, que nos llama a liberarnos de la cadena de los malos deseos y del pecado, y nos impulsa a buscar el bien y la verdad. Sólo escuchando la voz de Dios en vuestro interior y actuando de acuerdo con sus directrices, alcanzaréis la libertad que anheláis. Como dijo Jesús, sólo *la verdad os hará libres* (cf. *Jn* 8,32). Y la verdad no es el fruto de la imaginación de cada uno. Dios os ha dado la inteligencia para conocer la verdad, y la voluntad para realizar el bien moral. Os ha dado la luz de la conciencia para guiar vuestras decisiones morales, para amar el bien y evitar el mal. La verdad moral es objetiva, y una conciencia bien formada puede percibirla.

Pero si la misma conciencia se ha deformado, ¿cómo puede reformarse? Si la conciencia, que es luz, ya no alumbra, ¿cómo podemos superar la oscuridad moral? Jesús dice: «La lámpara del cuerpo es el ojo. Si tu ojo está sano, todo tu cuerpo estará luminoso; pero si tu ojo está malo, todo tu cuerpo estará a oscuras. Y, si la luz que hay en ti es oscuridad, ¡qué oscuridad habrá!» (*Mt* 6,22-23).

Pero Jesús dice también: «*Yo soy la luz del mundo; el que me siga no caminará en la oscuridad, sino que tendrá la luz de la vida*» (*Jn* 8,12). Si seguís a Cristo, devolveréis a la conciencia su puesto correcto y su papel adecuado, y seréis la luz del mundo y la sal de la tierra (cf. *Mt* 5,13).

Un renacimiento de la conciencia debe brotar de dos fuentes: en primer lugar, *el esfuerzo por conocer con certeza la verdad objetiva*, incluida la verdad sobre Dios; y, en segundo lugar, *la luz de la fe en Jesucristo*, el único que tiene palabras de vida.

Con el espléndido telón de fondo de las montañas del Colorado, con su aire puro que da paz y serenidad a la naturaleza, el alma se eleva espontáneamente para cantar la alabanza del Creador: «¡Oh Señor, Dios nuestro, qué glorioso tu nombre por toda la tierra!» (*Sal* 8,2).

Jóvenes peregrinos, el mundo visible es como un mapa que señala el cielo, la morada eterna del Dios vivo. Aprendemos a ver al Creador contemplando la belleza de sus criaturas. En este mundo resplandecen la bondad, la sabiduría y el poder omnipotente de Dios. Y la inteligencia humana, incluso después del pecado original –con tal de que no esté ofuscada por el error o la pasión– puede descubrir la mano del artista en las obras maravillosas que ha hecho. La razón puede conocer a Dios por medio del libro de la naturaleza: un Dios personal, infinitamente bueno, sabio, poderoso y eterno, que trasciende el mundo y, al mismo tiempo, está presente en lo más íntimo de sus criaturas. San Pablo escribe: «Porque lo invisible de Dios, desde la creación del mundo, se deja ver a la inteligencia a través de sus obras: su poder eterno y su divinidad» (*Rm* 1,20).

Jesús nos enseñó a ver la mano del Padre en la belleza de los lirios del campo, las aves del cielo, la noche estrellada, los campos maduros para la cosecha, los rostros de los niños y las necesidades del pobre y el humilde. Si observáis el universo con corazón puro, también vosotros veréis el rostro de Dios (cf. *Mt* 5,8), porque revela el misterio del amor providencial del Padre.

Los jóvenes son especialmente sensibles a la belleza de la naturaleza y su contemplación les inspira espiritualmente. Pero tiene que ser una contemplación auténtica. Una contemplación que no revele el rostro de un Padre personal, inteligente, libre y amoroso, sino que llegue sólo a la figura oscura de una divinidad impersonal o fuerza cósmica, no es suficiente. *No debemos confundir al Creador con su creación.*

La criatura no tiene vida por sí misma, sino por Dios. Al descubrir la grandeza de Dios, el hombre descubre la posición única que ocupa en el mundo visible: «Lo hiciste poco inferior a los ángeles, lo coronaste de gloria y dignidad; le diste el mando sobre las obras de tus manos, todo lo sometiste bajo sus pies» (*Sal* 8,6-7). Sí, la contemplación de la naturaleza no sólo revela al Creador, sino también el papel del ser humano en el mundo que ha creado. Con fe, revela a la grandeza de nuestra dignidad como seres creados a su imagen.

Para tener vida y tenerla en abundancia, para restablecer la armonía original de la creación, debemos respetar esa imagen divina en toda la creación y, de modo especial, en la misma vida humana.

Cuando *la luz de la fe* penetra esta conciencia natural, alcanzamos una nueva certeza. Las palabras de Cristo resuenan con plena verdad: «*Yo he venido para que tengan vida y la tengan en abundancia.*»

Contra todas las fuerzas de la muerte, a pesar de todos los falsos maestros, *Jesucristo sigue ofreciendo a la humanidad la única esperanza verdadera y real.* Él es el verdadero Pastor del mundo, porque *Él y el Padre son uno* (cf. *Jn* 17,22). En su divinidad es uno con el Padre; en su humanidad es uno con nosotros.

Por haber tomado sobre sí nuestra condición humana, Jesucristo puede transmitir a todos los que están unidos a Él por el bautismo *la vida que tiene en sí.* Y porque en la Trinidad *la vida es amor*, el amor verdadero de Dios ha sido derramado en nuestros corazones por el Espíritu Santo que nos ha sido dado (cf. *Rm* 5,5). *La vida y el amor son inseparables*: el amor de Dios hacia nosotros, y el amor que nosotros, por nuestra parte, tenemos: amor a Dios y amor a cada uno de nuestros hermanos y hermanas.

Vigilia, Denver 14/8/1993, parte II

❖ ❖ ❖

LOS JÓVENES QUE BUSCAN SINCERAMENTE A JESÚS, ENCUENTRAN EN SU MENSAJE EL SENTIDO DE LA VIDA Y EL CAMINO QUE LLEVA A LA FELICIDAD VERDADERA

Amados jóvenes de la X Jornada Mundial de la Juventud:

Veo que en vuestras preguntas se repite una vez más la escena del evangelio en que un joven pregunta a Jesús: «*Maestro bueno, ¿qué he de hacer?*» (*Mc* 10,17). Lo primero que Jesús observó es la actitud que esa pregunta encerraba, la *sinceridad de la búsqueda.* Jesús entendió que el joven buscaba sinceramente la verdad sobre la vida y sobre su camino personal en la vida.

Esto es importante. La vida es un don que dura cierto período de tiempo, en el que cada uno de nosotros afronta el desafío que implica: el desafío de tener un objetivo, un destino, y luchar por él. Lo contrario sería pasar la vida de modo superficial, *«perder» nuestra vida en la trivialidad*; no descubrir nunca en nosotros mismos la capacidad del bien y de la solidaridad real y, por tanto, *no descubrir nunca el camino que lleva a la felicidad verdadera.* Hay demasiados jóvenes que no se dan cuenta de que de ellos principalmente depende el dar un sentido auténtico su vida. *El misterio de la libertad humana está en el centro* de la gran aventura de vivir bien la vida.

Es verdad que los jóvenes encuentran hoy dificultades que las generaciones anteriores sólo encontraron en parte y de modo limitado. La debilidad de un gran sector de la vida familiar, la falta de comunicación entre padres e hijos, el aislamiento y la influencia alienante de gran parte de los medios de comunicación social, pueden engendrar en los jóvenes confusión sobre las verdades y los valores que dan un auténtico sentido a la vida.

Falsos maestros –muchos de los cuales pertenecen a una

elite intelectual en el mundo de la ciencia, de la cultura y de los medios de comunicación social– presentan un *anti-evangelio*. Afirman que ya no hay ideales, contribuyendo así a la profunda crisis moral que afecta a la sociedad, una crisis que ha abierto el camino a la tolerancia e incluso a la exaltación de formas de conducta que la conciencia moral y el sentido común antes rechazaban. Cuando les preguntáis: ¿qué he de hacer?, su única certeza es que no existe una verdad definida, un camino seguro. Quieren que seáis como ellos: escépticos dudosos y cínicos. De forma consciente o inconsciente, defienden un enfoque de la vida que ha llevado a millones de jóvenes a una triste soledad, en la que carecen de razones para esperar y son incapaces de sentir un amor verdadero.

Me preguntáis qué espero de los jóvenes. En el libro *Cruzando el umbral de la esperanza*, he escrito que «*el problema esencial de la juventud es profundamente personal* (...). Los jóvenes (...) saben que su vida *tiene sentido en la medida en que se hace don gratuito para el prójimo*» (p. 132). Por eso, os pregunto personalmente a cada uno: ¿sois capaces de entregaros a vosotros mismos, de entregar vuestro tiempo, vuestras energías, vuestros talentos, por el bien de los demás? ¿Sois capaces de amar? *Si lo sois, la Iglesia y la sociedad pueden albergar grandes esperanzas con respecto a cada uno de vosotros.*

La vocación a amar, entendida como auténtica apertura a nuestros hermanos los hombres y como solidaridad con ellos, *es la más fundamental de todas las vocaciones*. Es el origen de todas la vocaciones en la vida. Es lo que Jesús buscaba en el joven cuando le dijo: «Guarda los mandamientos» (cf. *Mc* 10,19). En otras palabras: «Sirve a Dios y a tu prójimo de acuerdo con todas las exigencias de un corazón fiel y recto.» Y cuando el joven aseguró que ya estaba siguiendo ese camino, Jesús lo invitó a un amor aún más grande: «Déjalo todo y sígueme: *deja todo lo que se refiere sólo a ti mismo y colabora conmigo en la inmensa misión de salvar el mundo*» (cf. v. 21). A lo largo del camino de la existencia de cada persona *el Señor tiene para cada uno algo que hacer.*

«Como el Padre me envió, también yo os envío» (*Jn* 20,21). Éstas son las palabras que Jesús dirigió a los Apóstoles después de su resurrección. Y esas mismas palabras son el tema de nuestra reflexión durante esta X Jornada Mundial de la Juventud. *Hoy la Iglesia y el Papa os dirigen esas mismas palabras a vosotros*, los jóvenes de Filipinas, los jóvenes de Asia y Oceanía, los jóvenes del mundo.

Dos mil años de cristianismo ponen de manifiesto que esas palabras han sido admirablemente eficaces. La pequeña comunidad de los primeros discípulos, como una pequeña semilla de mostaza, ha crecido hasta convertirse en un árbol inmenso (cf. *Mt* 13,31-32). Este gran árbol, con sus diversas ramas, abraza todos los continentes, todos los países del mundo, la mayor parte de los cuales están aquí representados por sus delegados. Amados jóvenes filipinos: en ese árbol vuestro país es *una rama especialmente fuerte y sana*, que se extiende hacia todo el vasto continente asiático. A la sombra de este árbol, a la sombra de sus ramas y de sus hojas, los pueblos del mundo pueden encontrar descanso. Pueden reunirse bajo su sombra, acogedora para descubrir, como habéis hecho aquí durante la Jornada Mundial de la Juventud, *la maravillosa verdad que está en el centro de nuestra fe*: que el Verbo eterno, de la misma naturaleza del Padre, y por el cual todo ha sido creado, *se hizo carne y nació de la Virgen María*. Vino a acampar entre nosotros. En él estaba la vida, y la vida era la luz de los hombres. Y de su plenitud hemos recibido todos gracia por gracia (cf. *Prólogo del evangelio de San Juan*).

...

Vigilia, Manila 14/1/1995, parte I

NOTAS

1. Cf. *Ex* 34,1; *Dt* 9,10; *2 Cor* 3,3.
2. Cf. *Dt* 4,5-9.
3. *Mc* 10,20.
4. Cf. *Mt* 5-7.
5. Cf. *Mt* 22,37-49; *Mc* 12,29-31; *Lc* 10,27.
6. *Rom* 2,14.
7. *Rom* 2,15.
8. *Ib*.
9. *Mc* 10,19.
10. *Heb* 9,27.
11. *Col* 3,14.
12. Cf. *1 Cor* 13,13.
13. Cf. *Mt* 22,38.
14. «La ley moral –dijo Confucio– no está lejos de nosotros... El hombre sabio no se equivoca mucho en lo que a la ley moral se refiere. Él tiene como principio: no hagáis a los otros lo que no querríais que los otros hicieran a vosotros» (*Tchung-Yung: El justo medio*, 13). Un antiguo maestro japonés (Dengyo Daishi, llamado también Saicho, que vivió del 767 al 822 d. C.) exhorta a «olvidarse de sí mismo y a favorecer a los demás, porque ahí está el vértice de la amistad y de la compasión» (cf. W. Th. De Bary, *Sources of Japanese Tradition*, Nueva York, 1958, vol. 1, p. 127). Y ¿cómo no recordar al Mahatma Gandhi, el cual inculcó la «fuerza de la verdad» (satyagraha) que vence sin violencia con el dinamismo propio que es intrínseco a la acción justa?
15. Cf. *Rom* 2,15.
16. Cf. *Jn* 1,9; Conc. Ecum. Vat. II, Declaración *Nostra aetate*, sobre las relaciones de la Iglesia con las religiones no cristianas, 2.
17. *Gn* 1,31.
18. Cf. *Jn* 2,25.
19. Cf. *Lc* 22,61.
20. Cf. *Ef* 1,4.

7

¿A QUÉ TE LLAMA DIOS?

«GRAN SACRAMENTO ESPONSAL»

Deseo dirigir la atención junto con vosotros, jóvenes destinatarios de la presente Carta, hacia el problema que, *en cierto sentido, se encuentra en el centro de la juventud* de todos vosotros. Éste es uno de los problemas centrales de la vida humana y es, a la vez, uno de los temas centrales de reflexión, de creatividad y de cultura. Éste es también uno de los principales temas bíblicos, al que personalmente he dedicado muchas reflexiones y análisis. *Dios ha creado al ser humano: hombre y mujer*, introduciendo con esto en la historia del género humano aquella particular «duplicidad» con una completa igualdad, si se trata de la dignidad humana, y con una *complementariedad maravillosa*, si se trata de la división de los atributos, de las propiedades y la tareas, unidas a la masculinidad y a la femineidad del ser humano.

Por lo tanto, éste es un tema de suyo grabado en el mismo «yo» personal de cada uno y cada una de vosotros. La juventud es el período en el que este gran tema invade, de forma experimental y creadora, *el alma y el cuerpo* de cada muchacho o muchacha, y se manifiesta en el interior de la joven conciencia junto con el descubrimiento fundamental del propio «yo» en toda su múltiple potencialidad. Entonces, también en el horizonte de un corazón joven se perfilan una experiencia nueva: *la experiencia del amor*, que desde el primer instante pide ser esculpido en aquel proyecto de vida, que la juventud crea y forma espontáneamente.

Todo esto posee cada vez su irrepetible *expresión subjetiva*, su *riqueza* afectiva e incluso, su *belleza* metafísica. Al mismo tiempo, en todo esto se contiene una poderosa *exhortación* a no falsear esta expresión, a no destruir esa riqueza y desfigurar esa belleza. Estad convencidos de que esta llamada viene *del mismo Dios*, que ha creado el ser humano «a su imagen y semejanza», concretamente «como hombre y mujer». Esta llamada brota *del Evangelio* y se hace notar *en la voz de las jóvenes conciencias* si éstas han conservado su sencillez y limpieza: «Bienaventurados los limpios de corazón, porque ellos verán a Dios.» [1] Sí. *A través de aquel amor* que nace en vosotros –y quiere ser esculpido en el proyecto de toda la vida– debéis ver a Dios que es amor.[2]

Por lo tanto os pido *que no interrumpáis el diálogo con Cristo* en esta fase extremadamente importante de vuestra juventud, más aún, os pido que os empeñéis todavía más. Cuando Cristo dice *«sígueme»*, su llamada *puede significar*: «Te llamo aún a otro amor»; *pero muchas veces significa*: «sígueme» a Mí que soy el esposo de la Iglesia, mi esposa...; ven, conviértete tú también en el marido de tu mujer..., conviértete en la esposa de tu marido. *Convertíos ambos en participantes* de aquel misterio, *de aquel sacramento*, del cual en la Carta a los Efesios se dice que es grande; grande «referente a Cristo y a la Iglesia».[3]

Mucho depende del hecho de que vosotros, también en este camino sigáis a Cristo; que no huyáis de Él mientras tenéis este problema que consideráis justamente *el gran acontecimiento de vuestro corazón*, un problema que existe en vosotros y entre vosotros. Deseo que creáis y os convenzáis de que este gran problema tiene su *dimensión definitiva en Dios*, que *es amor; en Dios*, que en la unidad absoluta de su divinidad, es a la vez una comunión de personas: Padre, Hijo y Espíritu Santo. Deseo que creáis y os convenzáis de que este vuestro «gran misterio» humano tiene su *origen en Dios que es el Creador*, que está arraigado en Cristo Redentor, que como el esposo «se ha donado totalmente», y a todos los esposos y esposas *enseña a «donarse»* de acuerdo con la plena capacidad de la dignidad personal de cada uno y cada una. Cristo nos enseña el amor esponsal.

Emprender el camino de la vocación matrimonial significa *aprender el amor esponsal* día tras día, año tras año; el amor según el alma y el cuerpo, el amor que «es longánime, es benigno, que *no busca lo suyo*... todo lo excusa»; el amor, que «se complace en la verdad», el amor que «todo lo tolera».[4]

Vosotros, jóvenes, precisamente tenéis necesidad de este amor si vuestro futuro matrimonio debe *«superar» la prueba de toda la vida.* Y, en concreto, esta prueba forma parte de la esencia misma de la vocación que, a través del matrimonio, intentáis grabar en el proyecto de vuestra vida.

Por ello, *no ceso de pedir a Cristo y a la Madre del Amor Hermoso* por el amor que nace en los corazones jóvenes. Muchas veces durante mi vida me ha sido posible acompañar, en cierto modo, más de cerca este amor de los jóvenes. Gracias a esta experiencia he comprendido *cuán esencial es el problema* que tratamos aquí, cuán importante y grande es. Pienso que el futuro del hombre se decide en buena medida por los caminos de este amor, inicialmente juvenil, *que tú y ella... o tú y él* descubrís a lo largo de vuestra juventud. Ésta es –puede decirse– una gran aventura, pero es también una gran tarea.

Hoy *los principios de la moral cristiana* matrimonial son presentados de modo desfigurado en muchos ambientes. Se intenta imponer a ambientes y hasta a sociedades enteras *un modelo que se autoproclama «progresista» y «moderno».* No se advierte entonces que en este modelo el ser humano, y sobre todo quizá la mujer, es transformado de sujeto en objeto (objeto de una manipulación específica), y todo el gran *contenido del amor* es reducido a mero *«placer»*, el cual, aunque toque a ambas partes, no deja de ser egoísta en su esencia. Finalmente, *el niño*, que es fruto y encarnación nueva del amor de los dos, se convierte cada vez más en *«una añadidura fastidiosa».* La civilización materialista y consumista penetra en este maravilloso conjunto del amor conyugal –paterno y materno–, y los despoja de aquel *contenido profundamente humano*, que, desde el principio, llevó una señal y un reflejo divino.

¡Queridos jóvenes amigos! *¡No os dejéis arrebatar esta*

riqueza! No grabéis un contenido deformado, empobrecido y falseado en el proyecto de vuestra vida: el amor «se complace en la verdad». *Buscadla* donde se encuentra de veras. Si es necesario, sed decididos en ir contra la corriente de las opiniones que circulan y de los «eslóganes» propagandísticos. *No tengáis miedo del amor, que presenta exigencias precisas al hombre.* Estas exigencias –tal como las encontráis en la enseñanza constante de la Iglesia– son capaces de convertir vuestro amor en un amor verdadero.

Y si tengo que hacerlo en algún lugar, deseo repetir aquí de modo especial el deseo formulado al comienzo, es decir, que estéis «*siempre prontos para dar razón de vuestra esperanza a todo el que os la pidiere*». La Iglesia y la humanidad os confían el gran problema del amor sobre el que se basa el matrimonio, la familia; es decir, el futuro. Esperan que *sabréis hacerlo renacer*; esperan que sabréis hacerlo hermoso, humana y cristianamente. Un amor humana y cristianamente grande, maduro y responsable.

Carta apostólica a los jóvenes y a las jóvenes del mundo, Roma 31/3/1985, párr. 10

❖ ❖ ❖

Sin embargo, jóvenes que me escucháis, la llamada de Cristo no se dirige sólo a religiosas, religiosos y sacerdotes. Él llama a todos; llama también a quien, sostenido por el amor, *se encamina a la meta del matrimonio*. Efectivamente, es Dios quien ha creado el ser humano, *hombre y mujer*, introduciendo así en la historia aquella singular «duplicidad», gracias a la cual el hombre y la mujer, aun en su *sustancial igualdad* de derechos, se caracterizan por aquella *maravillosa complementariedad* de sus atributos, que fecunda su recíproca atracción. En el amor que brota del encuentro de la masculinidad con la feminidad *se encarna la llama-*

da de Dios mismo, que ha creado al hombre «a su imagen y semejanza» precisamente como «hombre y mujer». *Esta llamada Cristo la ha hecho propia*, enriqueciéndola con nuevos valores en la Alianza definitiva establecida en la cruz. Pues bien, queridos jóvenes, en el amor de todo bautizado Él pide que se pueda expresar su amor hacia la Iglesia, por la cual se sacrificó a Sí mismo a fin de «presentársela resplandeciente a sí mismo, sin que tenga mancha ni arruga ni cosa parecida, sino que sea santa e inmaculada» (*Ef* 5,27).

Queridísimos jóvenes: A cada uno de vosotros, como a aquel coetáneo vuestro del que nos habla el Evangelio (cf. *Mt* 19,16-22), Cristo renueva su invitación: «Sígueme.» Algunas veces esa palabra significa: «Te llamo a un amor total hacia mí»; pero muy frecuentemente con ella Jesús quiere decir: «Sígueme a mí que soy el Esposo de la Iglesia; aprende a amar a tu esposa, a tu esposo como yo he amado a la Iglesia.» Hazte partícipe también tú de ese misterio, de ese *sacramento* del que se dice en la Carta a los Efesios que es «grande»: grande precisamente «respecto a Cristo y la Iglesia» (*Ef* 5,32).

Jóvenes que me escucháis: Cristo desea enseñaros *la maravillosa riqueza del amor conyugal*. Dejad que Él hable a vuestro corazón. No huyáis de Él. Él tiene algo importante que *deciros* para el futuro de vuestro amor. Sobre todo con la gracia del sacramento, Él tiene algo decisivo que *daros* para que vuestro amor tenga en sí la fuerza necesaria para superar las pruebas de la existencia.

Muchas voces a nuestro alrededor hablan hoy *un lenguaje diverso del de Cristo*, proponiendo modelos de comportamiento que, en nombre de una «modernidad» libre de «complejos» o de «tabúes» –como se suele decir– reducen el amor a experiencia pasajera de gratificación personal o incluso del mero goce sexual. A quien sabe mirar con ojo libre de prejuicios este género de relaciones, no es difícil descubrir detrás del oropel de las palabras la realidad engañosa de una actitud egoísta, que mira principalmente a su propio interés. *El otro* ya no es reconocido en su dignidad de *suje-*

to, sino que es rebajado al rango de *objeto* del que se dispone según criterios inspirados no en los *valores* sino en el *interés*.

El mismo *hijo*, que debería ser el fruto vivo del amor de los padres, que en él se encarna y en cierto modo se trasciende y perpetúa, acaba por sentirse como *una cosa*, que se tiene derecho de querer o de rechazar según el propio estado de ánimo subjetivo.

¿Cómo no reconocer en todo esto la polilla de *una mentalidad consumista* que lentamente ha vaciado el amor de aquel contenido trascendente en que se manifiesta una chispa del fuego que arde en el corazón mismo de la Trinidad santísima? Es preciso hacer que el amor vuelva a esta su fuente eterna, si se quiere que siga generando satisfacción verdadera, gozo y vida.

A vosotros, jóvenes, os corresponde la tarea de haceros *en medio del mundo testigos de la verdad acerca del amor*. Es una verdad *exigente*, que con frecuencia contrasta con las opiniones y con los «eslóganes» corrientes. Pero ¡es la única verdad digna de seres humanos, llamados a formar parte de la familia de Dios!

Vigilia, Santiago de Compostela 19/8/1989, párr. 3.4-4.4

❖ ❖ ❖

Respuesta a la llamada de Cristo

Vosotros y vosotras habéis venido a este Monte del Gozo, llenos de ilusión y de confianza, dejando a un lado las insidias del mundo, para encontrar verdaderamente a Jesús, «el Camino, la Verdad y la Vida», el cual os invita a todos a *seguirlo con amor*. Es una llamada universal, que no tiene en cuenta el color de la piel, la condición social o la edad. En esta noche, tan emotiva por su significado religioso, fraternidad y alegría juvenil, *Cristo Amigo está en medio de la asamblea para preguntaros* personalmente si queréis seguir decididamente el camino que Él os muestra, si estáis dispuestos a aceptar su Verdad, su Mensaje de salvación, si deseáis vivir *plenamente* el ideal cristiano.

Es una decisión que debéis tomar sin miedo. Dios os ayudará, os dará su luz y su fuerza para que sepáis responder con generosidad a su llamada. Llamada a una vida cristiana *total*.

¡Responded a la llamada de Jesucristo y seguidle!

Pero, más de uno de vosotros y vosotras se estará preguntando: ¿Qué quiere Jesús de mí? ¿A qué me llama? ¿Cuál es el sentido de su llamada para mí?

Para la gran mayoría de vosotros el amor humano se presenta como una forma de autorrealización en la formación de una familia. Por eso, *en el nombre de Cristo* deseo preguntaros:

¿Estáis dispuestos a *seguir la llamada de Cristo a través del sacramento del matrimonio*, para ser procreadores de nuevas vidas, formadores de nuevos peregrinos hacia la ciudad celeste?

En la historia de la salvación, el matrimonio cristiano es un *misterio de fe*. La familia es un *misterio de amor*, al colaborar directamente en la obra creadora de Dios. Amadísimos jóvenes, un gran sector de la sociedad no acepta las enseñanzas de Cristo y, en consecuencia, toma otros derroteros: el hedonismo, el divorcio, el aborto, el control de la natalidad y los medios de contracepción. Estas formas de entender la vida están en claro contraste con la Ley de Dios y las enseñanzas de la Iglesia. Seguir fielmente a Cristo quiere decir *poner en práctica* el mensaje evangélico, que implica también la castidad, la defensa de la vida, así como la indisolubilidad del *vínculo matrimonial, que no es un mero contrato* que se pueda romper arbitrariamente.

Viviendo en el «permisivismo» del mundo moderno, que niega o minimiza la autenticidad de los principios cristianos, es *fácil y atrayente respirar esta mentalidad contaminada* y sucumbir al deseo pasajero. Pero tened en cuenta que los que actúan de este modo *no siguen ni aman a Cristo*. Amar significa caminar juntos en la misma dirección hacia *Dios*, que es el *origen del Amor*. En esta dimensión cristiana, *el amor es más fuerte que la muerte*, porque nos prepara a acoger la vida, a protegerla y defenderla desde el seno materno hasta la muerte. Por eso os pregunto nuevamente:

¿Estáis dispuestos y dispuestas a *salvaguardar la vida humana* con el máximo cuidado en todos los instantes, aun en los más difíciles? ¿Estáis dispuestos, como jóvenes cristianos, *a vivir y defender el amor a través del matrimonio indisoluble*, a proteger la estabilidad de la familia que favorece la educación equilibrada de los hijos, al amparo del amor paterno y materno que se complementan mutuamente?

Éste es el testimonio cristiano que se espera de la mayoría de vosotros y vosotras, jóvenes. Ser cristiano significa dar testimonio de la verdad cristiana; y hoy, particularmente, es poner en práctica el sentido auténtico que Cristo y la Iglesia dan a la vida y a la plena realización del joven y de la joven a través del matrimonio y de la familia.

Sí, mis queridos jóvenes, Cristo os llama no sólo a caminar con Él en esta peregrinación de la vida. Él os envía en su lugar para ser mensajeros de la verdad, para ser sus testigos en el mundo, concretamente, ante los demás jóvenes como vosotros, porque muchos de ellos hoy, en el mundo entero, están buscando el camino, la verdad y la vida, pero no saben a dónde ir.

«Ha llegado la hora de emprender una nueva evangelización» (*Christifideles laici*, 34), y vosotros no podéis faltar a esta llamada urgente. En este lugar dedicado a Santiago, el primero de los Apóstoles que dio testimonio de la fe con el martirio, comprometámonos a acoger el mandato de Cristo: «seréis mis testigos... hasta los confines de la tierra» (*Hch* 1,8).

¿Qué significa dar testimonio de Cristo? Significa sencillamente vivir según el Evangelio: «Amarás al Señor, tu Dios, con todo tu corazón, con toda tu alma y con toda tu mente... Amarás a tu prójimo como a ti mismo» (*Mt* 22,37.39).

El cristiano está llamado a servir a los hermanos y a la sociedad, a promover y sostener la dignidad de cada ser humano, a respetar, defender y favorecer los derechos de la persona, a ser constructor de una paz duradera y auténtica, basada en la fraternidad, la libertad, la justicia y la verdad.

...

La llamada de Cristo lleva por un camino que no es fácil de recorrer, porque puede llevar incluso a la cruz. Pero no hay otro camino que lleve a la verdad y dé la vida. Sin embargo, no estamos solos en este camino. María con su FIAT abrió un camino nuevo a la humanidad. Ella, por su aceptación y entrega total a la misión de su Hijo, es prototipo de toda vocación cristiana. Ella caminará con nosotros, será nuestra compañera de viaje, y con su ayuda podremos seguir la vocación que Cristo nos ofrece.

Queridos jóvenes, pongámonos en camino con María; comprometámonos a seguir a Cristo, Camino, Verdad y Vida. Así seremos ardientes mensajeros de la nueva evangelización y generosos constructores de la civilización del amor.

Llamados a la vocación sacerdotal

Muchas veces me preguntan, sobre todo la gente joven, por qué me hice sacerdote. Quizá alguno de vosotros queráis hacerme la misma pregunta. Os contestaré brevemente.

Pero tengo que empezar por decir que es imposible explicarla por completo. Porque no deja de ser un misterio hasta para mí mismo. ¿Cómo se pueden explicar los caminos del Señor? Con todo, sé que en cierto momento de mi vida me convencí de que Cristo me decía lo que había dicho a miles de jóvenes antes que a mí: «¡Ven y sígueme!» Sentí muy claramente que la voz que oía en mi corazón no era humana ni una ocurrencia mía. Cristo me llamaba para servirle como sacerdote.

Y como ya lo habréis adivinado, estoy profundamente agradecido a Dios por mi vocación al sacerdocio. Nada tiene para mí mayor sentido ni me da mayor alegría que celebrar la Misa todos los días y servir al Pueblo de Dios en la Iglesia. Ha sido así desde el mismo día de mi ordenación sacerdotal. Nada lo ha cambiado, ni siquiera el llegar a ser Papa.[5]

La vocación sacerdotal es esencialmente una llamada a la santidad según la forma que nace del sacramento del Orden. Santidad es intimidad con Dios, es imitación de Cristo pobre, casto y humilde, es amor sin reservas a las almas y entrega a un bien verdadero, es amor a la Iglesia que es santa y nos quiere santos porque tal es la misión que Cristo le ha confiado. Cada uno debe ser santo para ayudar a los demás a seguir su vocación a la santidad.[6]

Su llamada es una declaración de amor. Vuestra respuesta es entrega, amistad, amor manifestado en la donación de la propia vida, como seguimiento definitivo y como participación permanente en su misión y en su consagración. Decidirse es amarlo con toda el alma y con todo el corazón, de forma que ese amor sea la norma y el motor de vuestras acciones (...). Vivid desde ahora plenamente la Eucaristía; sed personas para quienes el centro y el culmen de toda la vida es la santa misa, la comunión y la adoración eucarística. Ofreced a Cristo vuestro corazón en la meditación y en la oración personal que es el fundamento de la vida espiritual.[7]

¡El mundo mira al sacerdote porque mira a Jesús!

Nadie puede ver a Cristo, pero todos ven al sacerdote y por medio de él quieren ver al Señor!

¡Qué inmensa la grandeza y dignidad del sacerdote![8]

«Orad, pues, al dueño de la mies para que mande obreros a su mies...» (...).

Considerando que la Eucaristía es el don más grande que da al Señor a la Iglesia, es preciso pedir sacerdotes, puesto que el sacerdocio es un don para la Iglesia (...). Se debe rezar con insistencia para conseguir ese regalo. *Debe pedirse de rodillas.*[9]

Llamados, consagrados, enviados. Esta triple dimensión explica y determina vuestra conducta y vuestro estilo de vida. Estáis «puestos aparte»; «segregados», pero «no separados». Más bien os separaría olvidar o descuidar el sentido de la consagración que distingue vuestro sacerdocio. Ser uno más en la profesión, en el estilo de vida, en el modo de vivir, en el compromiso político, no os ayudaría a realizar plenamente vuestra misión; defraudaríais a vuestros propios fieles, que os quieren sacerdotes de cuerpo entero.[10]

Llamados a ser religiosos

Y si alguno o alguna de vosotros advierte la llamada de Cristo al don total de sí (...) en la vida religiosa, no rechace una propuesta tan elevada, aunque sea exigente. Que encuentre la valentía de un sí generoso y fuerte, que pueda dar una inigualable plenitud de sentido a toda la vida.[11]

La vocación religiosa es un don libremente ofrecido y libremente aceptado. Es una profunda expresión del amor de Dios hacia vosotros y, por vuestra parte, requiere a cambio un amor total a Cristo. Por tanto, toda la vida de un religioso está encaminada a estrechar el lazo de amor que fue primero forjado en el sacramento del bautismo.

Estáis llamados a realizar esto en la consagración religiosa mediante la profesión de los consejos evangélicos de castidad, pobreza y obediencia.[12]

Me es grato reafirmar con fuerza el papel eminentemente apostólico de las monjas de clausura. Dejar el mundo para dedicarse –en la soledad– a una oración más profunda y constante no es más que una forma particular... de ser apóstol.

Sería un error considerar a las monjas de clausura como criaturas separadas de sus contemporáneos, aisladas y como apartadas del mundo y de la Iglesia; están, por el contrario, presentes de la manera más profunda posible, con la misma ternura de Cristo. Es por ello, lógico que los obispos de las nuevas Iglesias soliciten como una gracia especial, la posibilidad de acoger un monasterio de religiosas contemplativas, aun cuando el número de las activas sea todavía insuficiente.[13]

La juventud contemporánea no está cerrada al llamamiento evangélico, como se afirma con excesiva facilidad. Claro está que puede encaminarse espontáneamente a caminos nuevos; de todos modos se siente igualmente atraída por las congregaciones antiguas que les presentan un rostro vivo y siguen fieles a exigencias radicales y presentadas con sensatez.

Basta consultar la historia de la Iglesia para ver una prueba de ello. Pero las adaptaciones (...) que nacen de la relajación o llevan a ella no pueden de ninguna manera atraer a los jóvenes, porque éstos en el fondo de sí mismos tienen capacidad de una entrega total aunque algunas aparezcan vacilantes o bloqueadas.[14]

Quiero recordar aquí de modo particular a las 400 jóvenes religiosas de vida contemplativa de España que me han manifestado sus deseos de estar con nosotros. Sé ciertamente que están muy unidas a todos nosotros a través de la oración en el silencio del claustro. Hace siete años, muchas de ellas asistieron al encuentro que tuve con los jóvenes en el estadio Santiago Bernabeu de Madrid. Después respondiendo generosamente a la llamada de Cristo, le han seguido de por vida. Ahora se dedican a rezar por la Iglesia, pero sobre todo por vosotros y vosotras, jóvenes, para que sepáis responder también con generosidad a la llamada de Jesús.[15]

Encontrad a Cristo con María

Para los jóvenes sobre todo, mi mensaje se hace invitación y exhortación. *Quisiera que la juventud del mundo entero se acercase más a María.* Ella es portadora de un signo indeleble de juventud y belleza que no pasan jamás. Que los jóvenes tengan cada vez más su confianza en Ella y que confíen a Ella la vida que se abre ante ellos.[16]

¿Qué nos dirá María, nuestra Madre y Maestra? En el Evangelio encontramos una frase en la que María se manifiesta realmente como Maestra. Es la frase que pronunció en las bodas de Caná. Después de haber dicho a su Hijo: «No tienen vino», dice a los sirvientes: «Haced lo que Él os diga.»

Y estas palabras (...) encierran un mensaje muy importante, válido para todos los hombres de todos los tiempos. Ese «Haced lo que Él os diga» significa: escuchad a Jesús, mi Hijo; actuad según su palabra y confiad en Él. Aprended a decir que «Sí» al Señor en cada circunstancia de vuestra vida. Es un mensaje muy reconfortante, del cual todos tenemos necesidad.

«Haced lo que Él os diga.» En estas palabras María expresa, sobre todo, el secreto más profundo de su vida. En estas palabras está toda Ella. Su vida, de hecho, ha sido un «Sí» profundo al Señor. Un «Sí» lleno de gozo y de confianza.[17]

Es preciso, pues, que acojáis a María en vuestras jóvenes vidas, igual que el Apóstol Juan la acogió «en su casa». Que le permitáis ser vuestra Madre. Que abráis ante Ella vuestros corazones y vuestras conciencias. Que Ella os ayude a encontrar siempre a Cristo, para «seguirlo», por cada uno de los caminos de vuestra vida.[18]

«He aquí la esclava del Señor; hágase en mí según tu palabra.»

Éste fue el momento de la vocación de María. Y de ese momento dependió la posibilidad misma de la Navidad. Sin el *«sí»* de María, Jesús no hubiera nacido.[19]

NOTAS

1. *Mt* 5,8.
2. Cf. *1 Jn* 4,8.16.
3. Cf. *Ef* 5,32.
4. Cf. *1 Cor* 13, 4,5,6,7.
5. Los Ángeles (Estados Unidos), 14-9-1987.
6. Roma (Italia), 9-10-1984.
7. Valencia (España), 8-11-1982.
8. Roma (Italia), 13-10-1979.
9. Roma (Italia), 25-3-1982.
10. Valencia (España), 8-11-1982.
11. Roma (Italia), 18-3-1989.
12. San Antonio (Estados Unidos), 13-9-1987.
13. Roma (Italia), 13-5-1983.
14. Friburgo (Alemania), 13-6-1984.
15. Santiago de Compostela (España), 19-8-1989.
16. Roma (Italia), 16-10-1987.
17. Roma (Italia), 13-12-1987.
18. Roma (Italia), 23-3-1986.
19. Roma (Italia), 8-3-1982.

8

LOS PADRES

HERENCIA

En el vasto ámbito en el que el proyecto de vida, formado durante la juventud, se encuentra con «los demás», hemos analizado el punto más neurálgico. Pensemos aún que este punto central, en el que nuestro «yo» personal se abre a la vida «con los demás» y «para los demás» en la alianza matrimonial, encuentra una palabra muy significativa en la Sagrada Escritura: «*El hombre dejará a su padre y a su madre; y se unirá a su mujer.*»[1]

La palabra «dejará» merece una atención particular. La historia de la humanidad pasa desde el comienzo –y pasará hasta el final– *a través de la familia*. El ser humano forma parte de ella mediante el nacimiento que debe a sus padres: al padre y a la madre, para *dejar* en el momento oportuno este primer ambiente de vida y amor y *pasar a otro nuevo*. «Al dejar al padre y a la madre», cada uno y cada una de vosotros contemporáneamente, en cierto sentido, *los lleva dentro consigo*, asume la *herencia* múltiple, que tiene su comienzo directo y su fuente en ellos y en sus familias. De este modo, aun marchando, cada uno de vosotros *permanece*; la herencia que asume lo vincula establemente con aquellos que se la han transmitido y a los que debe tanto. Y él mismo –ella o él– seguirá transmitiendo la misma herencia. De ahí que el cuarto mandamiento del Decálogo posea tan gran importancia: «Honra a tu padre y a tu madre.»[2]

Se trata aquí, ante todo, *del patrimonio de ser hombre* y, sucesivamente, de ser hombre en una más definida situación personal y social. Tiene su cometido en esto hasta la semejanza física con los padres. Más importante todavía es todo el *patrimonio cultural*, en cuyo centro se encuentra casi a diario *la lengua*. Los padres han enseñado a cada uno de vosotros a hablar aquella lengua que constituye la expresión esencial del vínculo social con los demás hombres. Ello está determinado por límites más amplios que la familia misma o bien que un determinado ambiente. Éstos son, por lo menos, los límites de una *tribu* y la mayoría de las veces los confines *de un pueblo* o *de una nación*, en la que habéis nacido.

La herencia familiar se extiende de este modo. A través de la educación familiar participáis en una cultura concreta, *participáis* también *en la historia* de vuestro pueblo o nación. El vínculo familiar significa la pertenencia común a una comunidad más amplia que la familia, y a la vez otra base de identidad de la persona. Si la familia es la primera educadora de cada uno de vosotros, al mismo tiempo *–mediante la familia–* es un elemento educativo la tribu, el pueblo o *la nación*, con la que estamos unidos por la unidad cultural, lingüística e histórica.

Este patrimonio constituye también *una llamada* en el sentido ético. Al recibir la fe y heredar los valores y contenidos que componen el conjunto de la cultura de su sociedad, de la historia de su nación, cada uno y cada una de vosotros recibe una dotación espiritual en su humanidad individual. Tiene aplicación aquí *la parábola de los talentos* que recibimos del Creador a través de nuestros padres, de nuestras familias y también de la comunidad nacional a la que pertenecemos. Respecto a esta herencia no podemos mantener *una actitud pasiva* o incluso de renuncia, como hizo el último de los siervos que menciona la parábola de los talentos.[3]

Debemos hacer todo lo que está a nuestro alcance para *asumir* este patrimonio espiritual, *para confirmarlo, mantenerlo e incrementarlo*. Ésta es una tarea importante para todas las sociedades, de manera especial quizá para aquellas que se encuentran al comienzo de su *existencia autónoma*, o bien para aquellas que deben defender su propia existencia y la identidad esencial de su nación ante el peligro de destrucción desde el exterior o de descomposición desde el interior.

Al escribiros, jóvenes, trato de tener presente ante mis ojos la situación compleja y diversa *de las tribus, de los pueblos y de las naciones* en nuestro mundo. Vuestra juventud y el proyecto de vida, que cada uno y cada una de vosotros elabora durante la juventud, están desde el primer instante *insertos en la historia* de estas sociedades diversas, y esto sucede no «desde el exterior», sino principalmente «desde el interior». Esto se convierte para vosotros en una cuestión de conciencia familiar y, consiguientemente, nacional: es *una cuestión de corazón, una cuestión de conciencia.* El concepto de «patria» se desarrolla mediante una inmediata contigüidad con el concepto de «familia» y, en cierto sentido, se desarrolla el uno dentro del ámbito del otro. Vosotros, de forma gradual, al experimentar este vínculo social, que es más amplio que el familiar, comenzáis a participar también *en la responsabilidad por el bien común* de aquella familia más amplia, que es la «patria» terrena de cada uno y de cada una de vosotros. Las figuras preclaras de la historia, antigua o contemporánea, de una nación guían también vuestra juventud y favorecen *el desarrollo de aquel amor social* que se llama a menudo «amor patrio».

Carta apostólica a los jóvenes y a las jóvenes del mundo, Roma 31/3/1985, párr. 11

❖ ❖ ❖

En el IV centenario de su independencia eclesiástica y de la fundación de la propia estructura jerárquica, *la Iglesia en Filipinas está llamada a una profunda renovación. El segundo Concilio plenario filipino*, que se celebró en 1991, marcó ya las pautas de esa renovación. Ese sínodo impulsó a la comunidad católica filipina a *mirar más plenamente a Cristo* y a encontrar en él su modelo e inspiración. El Sínodo exhortó a los seglares a *desempeñar un papel más completo en el servicio de la Iglesia a la familia humana, que eleva y libera.* El *Documento* final afirma: «Todos los fieles laicos están llamados a sanar y transformar la sociedad, a fin de preparar el orden temporal para el establecimiento final del reino de Dios» (n. 435). Esto vale para vosotros, los jóvenes de Filipinas. Y vale también para todos nosotros: si un parte está haciendo algo en el ámbito de la Iglesia, toda la Iglesia participa. Vale también para nosotros, para mí, Obispo de Roma, para los obispos europeos, para los obispos africanos, para los obispos americanos y para la gran peregrinación de jóvenes de los demás países y continentes. Vale para nosotros. No es un asunto privado de la Iglesia filipina. Es algo que nos atañe a todos. Todos estamos implicados en lo que está haciendo una parte de la Iglesia, una Iglesia local. *Res nostra agitur*. ¿Entendéis el latín?

En este compromiso de todo el pueblo de Dios, *¿cuál es el papel de los jóvenes para proseguir la misión mesiánica de Cristo?* ¿Cuál es vuestra parte, vuestro papel? Hemos meditado ya en esto durante la Jornada Mundial de la Juventud y sobre todo anoche en la vigilia. Alguien podría decir: *Han bailado, han cantado, pero han meditado.* Ha sido una meditación creativa sobre el mandato recibido de Cristo. La meditación puede hacerse también danzando y cantando, con la diversión. Y la de ayer fue muy agradable. Al final, después de esa meditación, pude dormir. Ahora, después de haber dormido, quisiera añadir un desafío y un llamamiento específico, que implica la solución de un conflicto que ha originado inmensa frustración y sufrimiento en muchas familias de todo el mundo. Los padres y los ancianos a menudo sienten que *han perdido el contacto con vosotros*, y se inquietan, como se angustiaron María y José al darse cuenta de que Jesús se había quedado en Jerusalén. Muchos padres de edad avanzada se sienten abandonados por nuestra culpa. ¿Es verdad o no? No debería ser verdad. Debería suceder lo contrario. Pero a veces es verdad. Unas veces vosotros sois muy críticos con respecto al mundo de los adultos –yo también era como vosotros– y, otras, ellos son muy críticos con respecto a vosotros. Esto también es verdad; no es nada nuevo, y a menudo esas críticas tienen fundamento. Pero recordad siempre que debéis a vuestros padres la vida y la educación. Recordad la deuda que tenéis hacia vuestros padres. El cuarto mandamiento expresa de modo conciso los deberes de justicia hacia ellos (cf. *Catecismo de la Iglesia católica*, n. 2.215). En la mayor parte de los casos se han encargado de vuestra formación a costa de sacrificio personal. Gracias a ellos habéis sido introducidos en la herencia cultural y social de vuestra comunidad y de vuestro país, vuestra patria. Hablando en general, vuestros padres han sido vuestros primeros maestros en la fe. Los padres, por tanto, tienen derecho a esperar de sus hijos e hijas los frutos maduros de sus esfuerzos, de la misma manera que los hijos y los jóvenes tienen derecho a esperar de sus padres el amor y la solicitud que los lleven a un sano desarrollo. Todo eso lo pide el cuarto mandamiento, que es muy rico. Os sugiero que lo meditéis. Os pido que *construyáis puentes de diálogo y comunicación con vuestros padres*. Nada de espléndido aislamiento. ¡Comunicación! ¡Amor! Ejerced un influjo positivo en la sociedad, ayudándola a derribar las barreras que se han levantado entre las generaciones. Nada de barreras. Comunión entre generaciones, entre padres e hijos. Comunión. En esta atmósfera, Jesús puede decir: *Yo os envío*. Todo comienza en la propia familia, cuando Jesús dice por primera vez: *Yo os envío*. Y a los padres les dice: *Yo envío a vuestro hijo. Yo envío a vuestra hija. Les digo: seguidme*. Todo esto exige el ambiente adecuado, una imagen completa de la vida social en Filipinas y en todas partes. También en este ambiente espiritual tiene lugar nuestro envío. *Como el Padre me envió* –dice Cristo–, *también yo os envío*.

¿Por qué tantos jóvenes piensan que son libres por haber rechazado toda prohibición y todo principio de responsabilidad? ¿Por qué tantos piensan que ciertas maneras de actuar son lícitas moralmente por el hecho de ser aceptadas socialmente? Abusan del hermoso don de la sexualidad; abusan de bebidas y drogas, pensando que ese comportamiento es correcto porque algunos sectores de la sociedad lo toleran. Abandonan las normas morales objetivas ante esas mismas presiones y por el influjo invasor de modas y tendencias promovidas por la publicidad de los medios de comunicación. Millones de jóvenes en todo el mundo están cayendo en formas de esclavitud moral sutiles pero reales. Vosotros comprendéis lo que quiere decir Jesús cuando afirma: *Os envío a afrontar esta situación, entre vuestros hermanos y hermanas, entre los demás jóvenes.*

Amadísimos hermanos y hermanas, construid vuestra vida según *el único modelo que no os defraudará.* Os invito a abrir el evangelio y a descubrir que Jesucristo quiere ser vuestro «amigo» (cf. *Jn* 15,14). Quiere ser vuestro «compañero» en cada etapa de la vida (cf. *Lc* 24,13-35). Quiere ser el «camino», vuestro sendero a través de las angustias, las dudas, las esperanzas y los sueños de felicidad (cf. *Jn* 14,6). Él es la *verdad* que da sentido a vuestros esfuerzos y a vuestras luchas. Quiere daros la «vida», como dio nueva vida al joven de Naím (cf. *Lc* 7, 11-17) y dio un futuro completamente nuevo a Zaqueo, que había muerto en su espíritu por la ambición y la avaricia (cf. *Lc* 19,1-10). Él es vuestra «resurrección», vuestra victoria sobre el pecado y la muerte, la realización de vuestro deseo de vivir para siempre (cf. *Jn* 11,25). Por eso, él será vuestra «alegría», la «roca» sobre la que vuestra debilidad se transformará en fuerza y optimismo. Él es nuestra salvación, nuestra esperanza, nuestra felicidad y nuestra paz. ¡Cristo, Cristo, Cristo! Hablo sin sintetizar. Pero aún, añado algunas cosas.

Cuando Cristo se convierta en todo esto para vosotros, el mundo y la Iglesia tendrán motivos sólidos para *esperar en el futuro.* Porque de vosotros dependerá el tercer milenio, que a veces se nos presenta como una maravillosa época nueva para la humanidad, pero que despierta también muchos miedos y angustias. Os dice esto una persona que ha vivido durante gran parte del siglo XX que está a punto de terminar. En este siglo han acaecido muchos sucesos tristes y destructivos, pero al mismo tiempo hemos vivido muchas cosas positivas que justifican nuestra esperanza y nuestro optimismo. El futuro depende de vuestra madurez. La Iglesia mira al futuro con confianza, cuando escucha de vuestros labios la misma respuesta que Jesús dio a María y a José cuando lo encontraron en el templo: «¿No sabíais que debo ocuparme de las cosas de mi Padre?» (*Lc* 2,49). Dio la misma respuesta que vosotros. Él era más joven; vosotros tenéis más edad.

Homilía, Manila 15/1/1995, párr. 4-6

NOTAS

1. *Gn* 2,24; cf. *Mt* 19,5.
2. *Ex* 20,12; *Dt* 5,16; *Mt* 15,4.
3. Cf. *Mt* 25,14-30; *Lc* 19,12-26.

9

HACER PRODUCTIVOS LOS TALENTOS

TALENTOS Y TAREAS

En este contexto de la familia y la sociedad que es vuestra patria, se inserta gradualmente un tema relacionado muy de cerca con la parábola de los talentos. En efecto, vosotros *reconocéis* progresivamente aquel *«talento»* o aquellos *«talentos»*, que son propiedad de cada uno y cada una de vosotros, y comenzáis a serviros de ellos de modo creativo, comenzáis a *multiplicarlos*. Esto se realiza *por medio del trabajo*.

¡Qué escala tan grande de posibles direcciones, capacidades e intereses existe en este campo! No es mi intención enumerarlos aquí, ni siquiera a modo de ejemplo, porque existe el riesgo de omitir más de los que tomemos en consideración. Presupongo por consiguiente toda la *variedad y multiplicidad de direcciones*. Ella demuestra también la múltiple riqueza de descubrimientos que la juventud conlleva. Si hacemos referencia al Evangelio, se puede decir que la *juventud es el tiempo del discernimiento de los talentos*. Y es a la vez el tiempo en el que se entra en los múltiples caminos, a través de los cuales se han desarrollado y siguen desarrollándose toda la actividad humana, el trabajo y la creatividad.

Deseo a todos vosotros *que os descubráis* a vosotros mismos a lo largo de estos caminos. Os deseo que entréis en ellos con interés, diligencia y entusiasmo. *El trabajo* –toda clase de trabajo– *está unido a la fatiga*: «Con el sudor de tu rostro comerás el pan»,[1] y esta experiencia de cansancio es participada por cada uno y cada una de vosotros desde los primeros años. Sin embargo, *el trabajo*, a la vez, *forma al hombre* de modo específico y en cierto modo *lo crea*. Por lo tanto, se trata también de una fatiga creativa.

Esto no se refiere sólo al trabajo de investigación o, en general, al trabajo intelectual de tipo cognoscitivo, sino también a los trabajos ordinarios de índole física, que aparentemente no tienen en sí nada de «creativo».

El trabajo, que es característico del período de la juventud, constituye ante todo *una preparación al trabajo de la edad madura* y, por ello, está unido a la escuela. Por lo tanto, mientras escribo estas palabras a vosotros, queridos jóvenes, pienso en todas las escuelas existentes en el mundo a las que vuestra joven existencia está unida durante varios años, en los diversos y sucesivos niveles, según el grado de desarrollo mental y la orientación de las propias inclinaciones: *desde la escuela elemental hasta la universidad*. Pienso asimismo en todas las personas adultas, mis hermanos y hermanas, que son vuestros maestros, vuestros educadores, guías de las mentes y caracteres jóvenes. ¡Cuán grande es su misión! ¡Qué responsabilidad particular la suya! ¡Pero qué grande es también su mérito!

Finalmente pienso en aquellos sectores de la juventud, de vuestros coetáneos y coetáneas, que –de manera especial en algunas sociedades y en algunos ambientes– *carecen de la posibilidad de la instrucción* y, a menudo, hasta de la instrucción elemental. Este hecho constituye un desafío permanente a todas las instituciones responsables, tanto a escala nacional como internacional, para que se someta a las mejoras necesarias tal estado de cosas. En efecto, *la instrucción* es uno *de los bienes fundamentales* de la civilización humana. Aquélla tiene una importancia particular para los jóvenes. De ella depende también en gran medida el futuro de toda la sociedad.

Pero cuando nos planteamos el problema de la instrucción, del estudio, de la ciencia y de la escuela, surge un problema de importancia fundamental para el hombre y especialmente para el joven. Es *el problema de la verdad*. La verdad es la luz de la inteligencia humana. Si desde la juventud la inteligencia humana intenta conocer la realidad en sus distintas dimensiones, esto lo hace con el fin de poseer la verdad: *para vivir de la verdad*. Tal es la estructura del espíritu humano. El hambre de verdad constituye su aspiración y expresión fundamental.

Cristo dice: «Conoceréis la verdad, y la verdad os hará libres.»[2] De las palabras contenidas en el Evangelio, éstas ciertamente están entre las más importantes. Se refieren, en efecto, al hombre en su totalidad. Explican el fundamento sobre el que se edifican desde dentro, en la dimensión del espíritu humano, *la dignidad y la grandeza propias del hombre*. El conocimiento que libera al hombre no depende únicamente de la instrucción, aunque sea universitaria; puede poseerlo también un analfabeto; no obstante esto, la instrucción, como conocimiento sistemático de la realidad, debería servir a esta dignidad y grandeza. Por lo tanto, debería servir a la verdad.

El servicio a la verdad se realiza también *en el trabajo* que seréis llamados a desarrollar una vez finalizado el programa de vuestra instrucción. Debéis adquirir en la escuela las capacidades intelectuales, técnicas y prácticas que os permitan ocupar útilmente vuestro lugar en el gran taller del trabajo humano. Pero aun siendo verdad que la escuela debe preparar al trabajo, incluso al manual, es también verdad que *el trabajo es en sí una escuela de grandes e importantes valores*: posee tal elocuencia, que aporta una contribución válida a la cultura humana.

Sin embargo, en la relación existente entre la instrucción y el trabajo que caracteriza a la sociedad actual, emergen *problemas gravísimos de orden práctico*. Me refiero en particular al *problema* del desempleo y, más en general, a la falta de puestos de trabajo que acucia, de modos diversos, a las jóvenes generaciones del mundo entero. Este problema –lo sabéis bien– conlleva otras preguntas que desde los años de la escuela proyectan una sombra de inseguridad sobre vuestro futuro. Vosotros os preguntáis: ¿Tiene la sociedad necesidad de mí?, ¿podré encontrar un trabajo adecuado que me permita ser independiente, formarme una familia con unas condiciones dignas de vida y, ante todo, de tener mi propia casa? En una palabra: ¿Es verdad que la sociedad espera *mi* aporte?

La gravedad de estos interrogantes me apremia a recordar también en esta circunstancia a los gobernantes y a todos los responsables de la economía y del desarrollo de las naciones que *el trabajo es un derecho del hombre* y, por consiguiente, debe ser garantizado dedicando a ello los cuidados más asiduos y poniendo en el centro de la política económica la preocupación por crear unas posibilidades adecuadas de trabajo para todos y principalmente para los jóvenes, que con tanta frecuencia sufren hoy ante la plaga del desempleo. Todos estamos convencidos de que «el trabajo es un bien del hombre –es un bien de su humanidad– porque mediante el trabajo el hombre *no sólo transforma la naturaleza* adaptándola a las propias necesidades, sino que *se realiza a sí mismo* como hombre, es más, en cierto sentido *se hace más hombre*».[3]

La autoeducación y las amenazas

Lo que se refiere a la escuela *como institución y como ambiente comprende* en sí, antes que nada, a la juventud. Pero podríamos decir que la elocuencia de las palabras, antes mencionadas, de Cristo sobre la verdad, mira más aún a los jóvenes mismos. En efecto, aunque no hay duda de que la familia educa y de que *la escuela instruye y educa*, al mismo tiempo, tanto la acción de la familia como de la escuela, quedará incompleta y podría incluso ser estéril, *si cada uno y cada una de vosotros*, jóvenes, no emprende por sí mismo la obra de la propia educación. La educación familiar y escolar debe procuraros sólo algunos *elementos para la obra de la autoeducación.*

En este campo las palabras de Cristo: «Conoceréis la verdad y la verdad os hará libres» vienen a ser un programa especial. Los jóvenes –si nos podemos expresar así– tienen un congénito *«sentido de la verdad»*. Y la verdad debe servir para la libertad: los jóvenes tienen también un espontáneo «deseo de libertad». ¿Qué significa ser libre? Significa saber usar la propia libertad en la verdad, ser «verdaderamente» libres. *Ser verdaderamente libres* no significa en modo alguno hacer todo aquello que me gusta o tengo ganas de hacer. La libertad contiene en sí el criterio de la verdad, la disciplina de la verdad. Ser verdaderamente libres significa *usar la propia libertad para lo que es un bien verdadero.* Continuando, pues, hay que decir que ser verdaderamente libres significa ser hombre de conciencia recta, ser responsable, ser un hombre «para los demás».

Todo esto constituye *el núcleo interior mismo* de lo que llamamos educación y, ante todo, de lo que llamamos autoeducación. Sí, autoeducación. En efecto, una tal estructura interior, en la que «la verdad nos hace libres» no puede ser construida solamente «desde fuera». Cada uno ha de construirla «desde dentro»; *edificarla con esfuerzo, con perseverancia y paciencia* (lo cual no siempre es tan fácil para los jóvenes). El Señor Jesús habla también de esto cuando subraya que sólo «con la perseverancia» podemos «salvar nuestras almas».[4] «Salvar la propia alma»: he aquí el fruto de la autoeducación.

Todo esto implica un modo nuevo de ver la juventud. No se trata aquí ya del simple proyecto de vida que debe ser realizado en el futuro. Éste *se realiza ya en la fase de la juventud* si nosotros, mediante el trabajo, la instrucción y especialmente mediante la autoeducación, creamos la vida misma construyendo el fundamento del sucesivo desarrollo de nuestra personalidad. En este sentido se puede decir que «la juventud es la escultora que esculpe toda la vida» y la forma que ella confiere a la concreta humanidad de cada uno y de cada una de vosotros se consolida en toda la vida.

Si esto tiene un importante *significado positivo*, por desgracia puede tener también un importante *significado nega-*

tivo. No podéis taparos los ojos ante las amenazas que os acechan durante el período de la juventud. También ellas pueden dejar su señal en toda la vida.

Quiero aludir, por ejemplo, a la tentación del criticismo exasperado que pretende discutir todo y revisar todo; o del escepticismo respecto de los valores tradicionales de donde fácilmente se puede desembocar en una especie de cinismo desaprensivo cuando se trata de afrontar los problemas del trabajo, de la carrera o del mismo matrimonio. Y ¿cómo callar ante la tentación que representa el difundirse –sobre todo en los países más prósperos– de un mercado de la diversión que aparta de un compromiso serio en la vida y educa a la pasividad, al egoísmo y al aislamiento? Os amenaza, amadísimos jóvenes, el mal uso de las técnicas publicitarias, que estimula la inclinación natural a eludir el esfuerzo, prometiendo la satisfacción inmediata de todo deseo, mientras que el consumismo, unido a ellas, sugiere que el hombre busque realizarse a sí mismo sobre todo en el disfrute de los bienes materiales. ¡Cuántos jóvenes, conquistados por la fascinación de engañosos espejismos se abandonan a las fuerzas incontroladas de los instintos o se aventuran por caminos aparentemente ricos en promesas, pero en realidad privados de perspectivas auténticamente humanas! Siento la necesidad de repetir aquí cuanto escribí en el *Mensaje* que a vosotros precisamente he dedicado para la *Jornada mundial de la Paz*: «Algunos de vosotros podéis sentiros tentados a huir de vuestra responsabilidad; en los ilusorios mundos del alcohol y de la droga, en efímeras relaciones sexuales sin compromiso matrimonial o familiar, en la indiferencia, el cinismo y hasta la violencia. Estad alerta contra el fraude de un mundo que quiere explotar o dirigir mal vuestra energía y ansiosa búsqueda de felicidad y orientación.» [5]

Os escribo todo esto para expresar la viva preocupación que siento por vosotros. Si, en efecto, debéis estar «siempre prontos para dar razón de vuestra esperanza a todo el que os la pidiere», entonces *todo lo que amenaza* esta esperanza debe suscitar preocupación. Y a todos aquellos que con tentaciones o ilusiones de signo vario intentan destruir vuestra juventud, no puedo menos de recordar *las palabras de Cristo* cuando habla del escándalo y de aquellos que lo provocan: «Ay de aquel por quien vengan los escándalos. Mejor fuera que le atasen al cuello una rueda de molino y le arrojaran al mar antes que escandalizar a uno de estos pequeños.»[6]

¡Palabras severas! Particularmente graves en la boca de aquel que vino a revelar el amor. Pero quien lee atentamente estas palabras del Evangelio, debe sentir cuán profunda es la *antítesis entre el bien y el mal, entre la juventud y el pecado.* Él debe darse cuenta de modo aún más claro de la *importancia que tiene a los ojos de Cristo la juventud de cada uno y cada una de vosotros.* Ha sido precisamente el amor por los jóvenes el que ha dictado estas severas y graves palabras. Ellas contienen como un eco lejano del coloquio evangélico de Cristo con el joven, al cual la presente Carta se refiere constantemente.

Carta apostólica a los jóvenes y a las jóvenes del mundo, Roma 31/3/1985, párr. 12-13

❖ ❖ ❖

Amados hermanos y hermanas en Cristo:

...

¿Hay una alegría más profunda que nuestra alegría común? *La fuente más profunda de nuestra alegría es el hecho de que el Padre ha enviado a su Hijo para salvar el mundo.* El Hijo toma sobre sí el peso de los pecados de la humanidad y, de este modo, nos redime y nos guía por el sendero que lleva a la unión con la santísima Trinidad, con Dios. Ésta es la fuente más profunda de nuestra alegría, de la alegría de todos nosotros, y también de mi alegría. Es mi alegría y vuestra alegría.

Cuando repetimos, en el salmo responsorial: «*Aquí estoy, Señor, envíame*», escuchamos un eco lejano de lo que el Hijo eterno dijo al padre al venir al mundo: «¡He aquí que vengo a hacer, oh Dios, tu voluntad!» (*Hb* 10,7). «Aquí estoy, padre, envíame.» Cristo vino a cumplir la voluntad del Padre. El Padre tanto amó al mundo que dio a su Hijo único para la salvación de los hombres (cf. *Jn* 3,16). A su vez, el Hijo tanto amó al Padre que hizo suyo el amor del Padre a la humanidad pecadora y necesitada. En este *diálogo* eterno *entre el padre y el Hijo*, el Hijo se mostró dispuesto a venir al mundo para obtener, mediante su pasión y muerte, la redención de la humanidad.

El evangelio de hoy es un comentario sobre cómo vivía Jesús esa misión mesiánica. Nos muestra que, cuando Jesús tenía doce años –vosotros tenéis más edad que él–, ya era consciente de su destino. Cansada por la larga búsqueda de su Hijo, María le dijo: «Hijo, ¿por qué nos has hecho esto? Mira, tu padre y yo, angustiados, te andábamos buscando.» Y él respondió: «Y ¿por qué me buscabais? *¿No sabíais que yo debo ocuparme de las cosas de mi Padre?*» (*Lc* 2,48-49). Esa conciencia se ahondaba y crecía en Jesús con el paso de los años, hasta que se manifestó con toda su fuerza cuando comenzó su predicación pública. *El poder del Padre que actuaba en él* se fue revelando poco a poco en sus palabras y sus obras. Y se reveló de modo definitivo cuando se entregó completamente al Padre en la cruz. En Getsemaní, la víspera de su pasión, Jesús renovó su obediencia: «Padre, si quieres, aparta de mí esta copa; pero no se haga mi voluntad, sino la suya» (*Lc* 22,42). Permaneció fiel a lo que había dicho cuando tenía doce años: «*Debo ocuparme de las cosas de mi Padre. Debo hacer su voluntad.*» Vosotros tenéis más de doce años y podéis comprenderlo mejor. Y vuestros cantos muestran que lo estáis comprendiendo mejor.

«*Aquí estoy, Señor, envíame.*» Aquí estoy, en Filipinas, y en cualquier parte. Con la mirada fija en Cristo, repetimos este versículo del salmo responsorial como *respuesta de la X Jornada Mundial de la Juventud* a lo que el Señor dijo a los Apóstoles y que ahora dice a todos: «*Como el Padre me envió, también yo os envío*» (*Jn* 20,21), dirigiéndose a los Apóstoles y a vosotros, pues estas palabras de Cristo, no sólo se han convertido en el *tema*, sino también en *la fuerza que impulsa* esta magnífica reunión en Manila. Después de la meditación y la vigilia de anoche, este sacrificio eucarístico *consagra* nuestra respuesta al Señor: en unión con él, en unión eucarística con él, *todos juntos respondemos: «Envíame.»*

¿Qué significa esto? Significa que *estamos dispuestos a hacer la parte que nos corresponde en la misión del Señor. Todo cristiano participa en la misión de Cristo* de modo único y personal. Los obispos, los sacerdotes y los diáconos participan en la misión de Cristo a través del ministerio ordenado. Los religiosos y las religiosas participan en ella mediante el amor esponsal que se manifiesta en el espíritu de los consejos evangélicos de castidad, pobreza y obediencia. Los seglares cristianos participan en la misión de Cristo: los padres y las madres de familia, los ancianos, los jóvenes y los niños; las personas sencillas y las cultas; los campesinos, los obreros, los ingenieros, los técnicos, los médicos, las enfermeras y el personal sanitario. La misión de Cristo la comparten también los profesores, los abogados y los políticos. Los escritores, las personas que trabajan en el teatro, en el cine y en los medios de comunicación social, los artistas, los músicos, los escultores y los pintores. Todos tienen parte en esa misión mesiánica de Jesucristo: la tienen también los profesores universitarios, los científicos, los especialistas en cualquier campo, y las personas del mundo de la cultura. En la misión de Cristo una parte pertenece a vosotros, ciudadanos de Filipinas y pueblos de Extremo Oriente: chinos, japoneses, coreanos, vietnamitas, indios; cristianos de Australia, Nueva Zelanda y el Pacífico; cristianos de Oriente Medio, de Europa, de África y de América. Todo bautizado tiene una parte en la misión mesiánica de

Jesucristo, *en la Iglesia y por la Iglesia*. Y esta participación en la misión de la Iglesia constituye a la Iglesia. La Iglesia es una participación viva en la misión de Cristo. ¿Comprendéis todo esto?

Homilía, Manila 15/1/1995, párr. 1-3

NOTAS

1. *Gn* 3,19.
2. *Jn* 8,32.
3. Juan Palo II, Encícl. *Laborem exercens*, 9; *AAS* 73, 1981, 599 s.
4. Cf. *Lc* 21,19.
5. Mensaje para la celebración de la Jornada mundial de la Paz, 1985, n. 3; *AAS* 77, 1985, 163.
6. *Lc* 17,1 s.

APÉNDICE

Señor Jesús, junto al Sucesor de Pedro
y con todo el pueblo redimido,
acudimos a Ti desde los rincones del mundo.
No huimos de nuestro tiempo,
ni nos atemoriza nuestra juventud
y sin embargo estamos conscientes
de que peregrinamos en una década crucial.

Señor, la humanidad que Tú salvaste
ha convertido muchos arados en espadas
y las amenazas y los gritos del miedo
parecen acallar las canciones de la vida.

Tú prometiste quedarte con nosotros
todos los días,
escucha hoy el clamor de esta juventud
y sé Tú para nuestra generación
el Maestro y Pastor que conduce a la paz.

Mientras más absurdo se manifiesta el proyecto
de la nueva Torre de Babel que las ideologías proponen
y más angustiosos son los pronósticos
de los que han construido sobre arena,
nosotros nos volvemos a Ti con una decisión más firme.

Sube, Señor, nuevamente a la montaña,
nosotros vamos contigo a escucharte proclamar
para nuestra generación el código de la felicidad verdadera.
Dinos con tu voz sabia y recia
la promesa y el programa:
«Bienaventurados los constructores de la paz,
porque ellos serán llamados hijos de Dios.»

Hoy aceptamos tu invitación
y queremos hacer de la paz del mundo nuestra tarea
[permenente.
No queremos cruzar el umbral del tercer milenio
arrastrando cañones
ni despojos,
queremos iniciarlo en tu nombre
llevando las gavillas de un generoso trigo
que alegre todas las mesas con tu pan y tu amistad.

Sabemos, Jesús, que este propósito requiere ahora
de nosotros valentía
y un estilo de vida vigilante.
Por ello danos la pureza del corazón humilde
para comprender la verdad
y rechazar las ilusiones engañosas.
Concédenos la libertad de tu gracia
para vivir la justicia y el amor responsable.
Enséñanos a plasmar una cultura nueva
donde la participación sea posible
para cada hombre, grupo, pueblo y raza.
Que nunca nos fascine el mundo
con esa paz aparente, oportunista y efímera
que Tú rechazaste.
Señor Jesucristo, danos tu paz,
la que brota de tu corazón traspasado,
paz en la verdad, la justicia y el amor.

Danos tu paz, no para retenerla,
entrégala a nuestra generación de jóvenes
para que la compartamos con los que aguardan sedientos,
para que la acrecentemos como precioso legado
a los que vendrán.
Maestro, mientras peregrinamos hacia la casa de tu Padre,
enséñanos a cargar con sabiduría el fardo
de los conflictos de nuestra naturaleza herida, sin
[abandonarnos

a la resignada pasividad.
Constitúyenos en los defensores de Abel
dondequiera que hoy viva,
del Abel pobre y marginado,
del Abel anciano o sin trabajo digno,
del Abel perseguido por su fe,
del Abel desvalido en el seno materno.

A los Caínes de nuestro tiempo
perdónalos porque no saben lo que hacen.
Convierte a tu paz a opresores y violentos.
A los gobernantes y dirigentes de las naciones
dales luz y audacia para detener la espiral de esa lógica [insensata
que lleva a restar recursos a la vida
para sumarlos a la muerte y a la destrucción del planeta.

Sé Tú, Jesús, nuestra paz.
Tu Espíritu Santo pacifique nuestro ánimo
en los sacramentos de tu Iglesia
y así podremos ser nosotros paz de todos nuestros hermanos.

Tu Madre, Señor, sea para tus discípulos jóvenes
el espejo de tu rostro en donde se refleja
la perfecta reconciliación con Dios,
consigo mismo y con el mundo.
Sea Ella la educadora de nuestra esperanza,
haciéndola paciente, valerosa, inmarchitable,
su mano maternal cure nuestras heridas de violencia
y nos guarde heroicamente pacíficos
cuando el maligno nos empuje por la senda de Caín.

Señor, en la noche de tu nacimiento
los pobres pastores de Belén escucharon la promesas [de paz.
Nosotros hemos apostado a la vida
y creemos que si las convulsiones de nuestro siglo

son agonía de un mundo viejo,
son también los dolores de parto
de una nueva natividad tuya.
Percibimos que se aproxima la hora de dar a luz
para la joven madre del adviento nuevo
y que el padre quiere extender para nosotros el arco iris de
[su alianza
de reconciliación.
Señor, que los ángeles canten pronto la bienaventuranza
a todos los de un corazón pobre en esta tierra

y así, esperanzados, descubran que para ellos
se acerca tu Reino eterno y universal,
el Reino de la verdad y la vida,
el Reino de la santidad y la gracia,
el Reino de la justicia, el amor y la paz. Amén.

Oración de los Jóvenes por la Paz, plaza San Giovanni, Roma 30/3/1985

❖ ❖ ❖

Plegaria del Papa y acto de consagración a Nuestra Señora de Luján

1. *¡Dios te salve, María, llena de gracia, Madre del Redentor!*

Ante tu imagen de la Pura y Limpia Concepción,
Virgen de Luján, Patrona de Argentina,
me postro en este día aquí, en Buenos Aires,
con todos los hijos de esta patria querida,
cuyas miradas y cuyos corazones convergen hacia Ti;
con todos los jóvenes de Latinoamérica

que agradecen tus desvelos maternales,
prodigados sin cesar en la evangelización del continente
en su pasado, presente y futuro;
con todos los jóvenes del mundo,
congregados espiritualmente aquí,
por un compromiso de fe y de amor;
para ser testigos de Cristo tu Hijo
en el tercer milenio de la historia cristiana,
iluminados por tu ejemplo, joven Virgen de Nazaret,
que abriste las puertas de la historia al Redentor del hombre,
con tu fe en la Palabra, con tu cooperación maternal.

2. *¡Dichosa tú porque has creído!*

En el día del triunfo de Jesús,
que hace su entrada en Jerusalén manso y humilde,
aclamado como Rey por los sencillos,
te aclamamos también a Ti,
que sobresales entre los humildes y pobres del Señor;
son éstos los que confían contigo en sus promesas,
y esperan de Él la salvación.
Te invocamos como Virgen fiel y Madre amorosa,
Virgen del Calvario y de la Pascua,
modelo de la fe y de la caridad de la Iglesia,
unida siempre, como Tú,
en la cruz y en la gloria, a su Señor.

3. *¡Madre de Cristo y Madre de la Iglesia!*

Te acogemos en nuestro corazón,
como herencia preciosa que Jesús nos confió desde la cruz.
Y en cuanto discípulos de tu Hijo,
nos confiamos sin reservas a tu solicitud
porque eres la Madre del Redentor y Madre de los redimidos.

Te encomiendo y te consagro, Virgen de Luján,
la patria argentina, pacificada y reconciliada,
las esperanzas y anhelos de este pueblo,
la Iglesia con sus Pastores y sus fieles,
las familias para que crezcan en santidad,
los jóvenes para que encuentren la plenitud,
de su vocación, humana y cristiana,
en una sociedad que cultive sin desfallecimiento
los valores del espíritu.
Te encomiendo a todos los que sufren,
a los pobres, a los enfermos, a los marginados;
a los que la violencia separó para siempre de nuestra [compañía,
pero permanecen presentes ante el Señor de la historia
y son hijos tuyos, Virgen de Luján, Madre de la Vida.
Haz que Argentina entera sea fiel al Evangelio,
y abra de par en par su corazón
a Cristo, el Redentor del hombre,
la Esperanza de la humanidad.

4. *¡Dios te salve, Virgen de la Esperanza!*

Te encomiendo a todos los jóvenes del mundo,
esperanza de la Iglesia y de sus Pastores;
evangelizadores del tercer milenio,
testigos de la fe y del amor de Cristo
en nuestra sociedad y entre la juventud.
Haz que, con la ayuda de la gracia,
sean capaces de responder, como Tú,
a las promesas de Cristo,
con una entrega generosa y una colaboración fiel.
Haz que, como Tú, sepan interpretar los anhelos de la [humanidad;
para que sea presencia salvadora en nuestro mundo.
Aquel que, por tu amor de Madre, es para siempre
el Emmanuel, el Dios con nosotros,

y por la victoria de su cruz y de su resurrección
está ya para siempre con nosotros,
hasta el final de los tiempos.
Amén.

Acto de consagración de los jóvenes a María, Buenos Aires
12/4/1987

❖ ❖ ❖

¡Dios te salve, María, Madre de Cristo y de la Iglesia! ¡Dios te salve, vida, dulzura y esperanza nuestra!

A tus cuidados confío esta tarde las necesidades de todas las familias de España, las alegrías de los niños, la ilusión de los jóvenes, los desvelos de los adultos, el dolor de los enfermos y el sereno atardecer de los ancianos.

Te encomiendo la fidelidad y abnegación de los ministros de tu Hijo, la esperanza de quienes se preparan para ese ministerio, la gozosa entrega de las vírgenes del claustro, la oración y solicitud de los religiosos y religiosas, la vida y empeño de cuantos trabajan por el reino de Cristo en estas tierras.

En tus manos pongo la fatiga y el sudor de quienes trabajan con las tuyas; la noble dedicación de los que transmiten su saber y el esfuerzo de los que aprenden; la hermosa vocación de quienes con su ciencia y servicio alivian el dolor ajeno; la tarea de quienes con su inteligencia buscan la verdad.

En tu corazón dejo los anhelos de quienes, mediante los quehaceres económicos, procuran honradamente la prosperidad de sus hermanos; de quienes, al servicio de la verdad, informan y forman rectamente la opinión pública; de cuantos, en la política, en la milicia, en las labores sindicales o en el servicio del orden ciudadano, prestan su colaboración honesta en favor de una justa, pacífica y segura convivencia.

Virgen Santa del Pilar, aumenta nuestra fe, consolida nuestra esperanza, aviva nuestra caridad.

Socorre a los que padecen desgracias, a los que sufren soledad, ignorancia, hambre o falta de trabajo.

Fortalece a los débiles en la fe.

Fomenta en los jóvenes la disponibilidad para una entrega plena a Dios.

Protege a España entera y a sus pueblos, a sus hombres y mujeres. Y asiste maternalmente, ¡oh María!, a cuantos te invocan como Patrona de la Hispanidad. Así sea.

Oración a la Virgen del Pilar, Zaragoza 6/11/1982

❖ ❖ ❖

Sub tuum praesidium confugimus, Sancta Dei Genetrix...

(«Bajo tu amparo nos acogemos, Santa Madre de Dios...»)

Nosotros, jóvenes de todo el mundo, venimos a ti, Madre de Cristo y Madre de la Iglesia. Madre de la fe, de la esperanza y del amor. Te traemos toda nuestra juventud.

Venimos a ti, Madre de Dios, Madre de la Vida, Madre del Amor hermoso.

Venimos aquí, donde desde hace siglos los hombres recurren a ti, para recibir la libertad; junto a ti, incluso en la esclavitud, se han sentido libres. Hoy, esta casa tuya se ha convertido en la casa de todos nosotros, de los jóvenes de todo el mundo. Czestochowa en este momento es la capital de la juventud.

Venimos a ti, que eres nuestra Madre y, mediante tu intercesión, pedimos a Cristo la libertad verdadera, la fe verdadera y los motivos de vida y esperanza. Tú, Madre, conoces nuestros límites, y también todos nuestros sueños, nuestros proyectos para el futuro, y nuestras posibilidades. Haz que sepamos hacer fructuosa la esperanza que está en nosotros (cf. *1 P* 3,15).

Nostras deprecationes ne despicias in necessitatibus, sed a periculis cunctis libera nos semper, Virgo gloriosa et benedicta.

(«No deseches las súplicas que te dirigimos en nuestra necesidades, antes bien, líbranos siempre de todo peligro, oh Virgen gloriosa y bendita.»)

Llevamos en nosotros grandes anhelos. Queremos vivir para Cristo. Nos dirigimos a ti, la Maestra más segura por los caminos humanos... Ayúdanos a vencer todas las desesperaciones. Ayúdanos a ser más fuertes que todo lo que parece asediarnos. Nuestra vida cotidiana es diversa, como diversas son también tus imágenes en nuestros países. Ayúdanos a ser auténticos.

Te confiamos lo que en nosotros está amenazado desde dentro y desde fuera: cúranos de los pecados y de las debilidades, líbranos de la derrota y del error, protégenos del desprecio de la vida y de todo lo que amenaza la salud y la vida.

Defiéndenos de la soledad que no proviene de una elección y que muchos no logran vencer. Haz que no se transforme jamás en desesperación.

Te confiamos a los que deben afrontar la desocupación, la falta de casa y el temor ante el futuro.

Ayúdanos a salvar al mundo y a nosotros mismos de la violencia y de las diferentes formas de totalitarismo contemporáneo en el que no tenemos influencia inmediata.

Te confiamos a ti, Madre, a las familias jóvenes y a los que se han entregado exclusivamente al servicio de Dios. A ti, Madre, te confiamos la vocación de cada hombre. Haz que la vida de cada uno, de cada uno de nosotros, dé frutos producidos por el Evangelio.

Queremos rezar contigo por quienes buscan los caminos de tu Hijo, y también por los que no saben y no quieren saber nada acerca de nuestro encuentro. Por los que no conocen ni a Dios, ni a Cristo, ni a ti.

Domina nostra, Advocata nostra, Mediatrix nostra, Consolatrix nostra. Tuo Filio nos reconcilia, tuo Filio nos recomenda, tuo Filio nos repraesenta.

(«Señora nuestra, Abogada nuestra, Mediadora nuestra,

Consoladora nuestra. Reconcílianos con tu Hijo, recomiéndanos a tu Hijo, preséntanos a tu Hijo.»)

Enséñanos tu fe, tu esperanza y tu amor. Enséñanos a salir al encuentro de tu Hijo. Guíanos hacia Él. Que Él sea la respuesta a todas nuestras preguntas. Enséñanos a ir al encuentro de los demás hombres, quizá más pobres y más solos que nosotros.

Enséñanos a servir a la vida desde su concepción hasta su muerte natural. Enséñanos a acoger esta vida.

Que nuestros corazones estén abiertos; que estén abiertas las casas y los países. Líbranos del temor, a fin de que no teniendo miedo de los pobres del Evangelio de Jesús –niños, ancianos, enfermos y extranjeros– podamos abrir las puertas al Salvador del mundo y del hombre.

Devuelve el misterio a la vida y a todo lo que la genera, lo que le da sentido. Devuelve el misterio al amor y hazlo mediante la pureza. A través de ti la pureza se convierte en una respuesta al misterio: «Bienaventurados los limpios de corazón, porque ellos verán a Dios» (*Mt* 5,8). Tú sabes que la corrupción mayor del hombre es la impureza, de la que nacen el odio, los homicidios y las guerras.

Deseamos asumir nuestra responsabilidad con respecto a nuestro futuro y al futuro de la Iglesia y del mundo, en el umbral del tercer milenio, para estar capacitados a fin de transmitir a nuestros hijos la fe en Dios y el sentido de la vida.

Enséñanos a estar presentes en la Iglesia y en la vida social. Enséñanos a asumir la responsabilidad con respecto al destino del mundo y de nuestras patrias aquí en la tierra.

Madre de la Sabiduría, enséñanos a crear una cultura y una civilización que, basándose en las leyes de Dios, sepan servir al hombre. Enséñanos el espíritu de reconciliación y perdón. Haz que no escapemos ante las nuevas tareas. Toda la realidad contemporánea espera la evangelización plena. Deseamos ser, cada uno a su modo, misioneros de esta obra junto con Cristo, santificador y transformador de este mundo.

Guíanos hacia tu Hijo; reconcílianos con Él, encomiéndanos a Él y devuélvenos a Él.

Amén.

Acto de consagración de los jóvenes a María, Czestochowa 15/8/1991

❖ ❖ ❖

María, tú eres «tipo de la Iglesia
en el orden de la fe,
de la caridad
y de la unión perfecta con Cristo» (*Lumen gentium*, 63).
Aceptaste libremente la voluntad de Dios
que se te reveló en la Anunciación.
Llevaste en tu seno
la Palabra hecha carne,
que habitó entre nosotros como tu Hijo.
Lo viste crecer en «sabiduría,
en estatura y en gracia» (*Lc* 2,52)
en la casa de Nazaret.
Tu camino como discípula suya te condujo
al pie de la cruz,
donde Jesús te hizo
Madre de todos sus seguidores (*cf. Jn* 19,27),

María, tú eres la Madre del Señor de la vida,
la que estaba bajo el árbol de la vida.
Al pie de la cruz
te convertiste en nuestra madre espiritual y,
desde el cielo,
continúas intercediendo por nosotros,
que todavía estamos caminando
hacia la casa del Padre (*cf. Lumen gentium*, 62).

María, Madre de la Iglesia,
en unión contigo damos gracias
a la santísima Trinidad por todo lo que esta
Jornada Mundial de la Juventud
ha realizado en la vida de los jóvenes
que han seguido
la cruz del Año Santo hasta Denver.

María, Virgen inmaculada,
ruega por estos jóvenes para que
«tengan vida y la tengan en abundancia» (*Jn* 10,10).
Acompáñalos ahora que van a ser
heraldos de esa vida divina,
la única que puede saciar el hambre
del corazón humano. Que vean, como tú,
en la cruz de Cristo la llamada del amor divino
que transforma la muerte en vida,
la desesperanza en esperanza
y la tristeza en alegría interminable.

Madre santísima,
ayuda a todos los jóvenes
que están esforzándose por dar un sí definitivo
y responsable a la llamada del Señor
al sacerdocio,
a la vida religiosa, o a una consagración especial
en la Iglesia.
Obténles la valentía y la esperanza
que necesitan
para superar todos los obstáculos
y seguir de cerca los pasos de tu Hijo divino.

Te pedimos que veles
sobre todos los que nos hallamos reunidos aquí,
mientras continuamos nuestra peregrinación
hacia la verdadera fuente de la vida.
Porque esta peregrinación debe continuar.

Debe continuar en nuestra vida.
Debe continuar en la vida de la Iglesia,
ahora que se acerca al tercer milenio cristiano.
Debe continuar como un nuevo Adviento,
tiempo de esperanza y espera,
hasta el regreso del Señor en la gloria.
Nuestra celebración de esta
Jornada Mundial de la Juventud
ha sido una parada en el camino,
un momento de oración y recuperación
de fuerzas,
pero nuestro viaje debe proseguir.

María, elevada al cielo,
te encomendamos
a los jóvenes de todo el mundo.

Ángelus, Denver 15/8/1993

❖ ❖ ❖

María, Madre de la Iglesia. María, Madre de la Iglesia de los jóvenes; tú estabas orando en el cenáculo con los discípulos de tu Hijo cuando el Espíritu Santo descendió en forma de lenguas de fuego. Ruega por nosotros, para que *la llama del amor de Dios se reavive en nuestro corazón* y en el corazón de los jóvenes de todo el mundo.

Virgen llena de gracia, inmaculada desde el primer momento de tu existencia, ahora participas plenamente en el gozo del cielo. Vela por los jóvenes aquí reunidos y por todos los que están unidos a nosotros en la comunión del cuerpo de Cristo. Ruega para que estos jóvenes acepten con valentía la tarea que Cristo, tu Hijo, les confía cuando les dice: «Como el Padre me envió, también yo os envío.»

María, Reina de los Apóstoles, tú velas por todos los que tu Hijo envía a ser sus mensajeros hasta los confines de la tierra. Impulsa a todos los jóvenes a ser *testigos celosos* del mensaje de salvación del Evangelio. Que, con tu ayuda, compartan con los demás la nueva vida que brotó de la cruz de Cristo, la esperanza que consuela todo corazón, y la fuerza que otorga la victoria final sobre el pecado y la muerte.

Oración, Manila 15/1/1995.

❖ ❖ ❖

¡SEÑOR SANTIAGO, NECESITAMOS DE TU ARDOR Y DE TU INTREPIDEZ!

¡Señor Santiago!
Heme aquí, de nuevo, junto a tu sepulcro
al que me acerco hoy, peregrino de todos los caminos del
[mundo,
para honrar tu memoria e implorar tu protección.

Vengo de la Roma luminosa y perenne,
hasta ti que te hiciste romero tras las huellas de Cristo
y trajiste su nombre y su voz
hasta este confín del universo.

Vengo de la cercanía de Pedro,
y, como Sucesor suyo, te traigo,
a ti que eres con él columna de la Iglesia,
el abrazo fraterno que viene de los siglos
y el canto que resuena firme y apostólico en la catolicidad.

Viene conmigo, Señor Santiago, un inmensa riada juvenil
nacida en las fuentes de todos los países de la tierra.
Aquí la tienes, unida y remansada ahora en tu presencia,
ansiosa de refrescar su fe en el ejemplo vibrante de tu vida.

Venimos hasta estos benditos umbrales en animosa
[peregrinación.
Venimos inmersos en este copioso tropel
que desde la entraña de los siglos
ha venido trayendo a las gentes hasta esta Compostela
donde tú eres peregrino y hospedero, apóstol y patrón.
Y venimos hoy a tu vera porque vamos juntos de camino.
Caminamos hacia el final de un milenio
que queremos sellar con el sello de Cristo.
Caminamos, más allá, hacia el arranque de un milenio nuevo
que queremos abrir en el nombre de Dios.

Señor Santiago,
necesitamos para nuestra peregrinación
de tu ardor y de tu intrepidez.
Por eso, venimos a pedírtelos,
hasta este «finisterrae» de tus andanzas apostólicas.

Enséñanos, Apóstol y amigo del Señor,
el CAMINO que conduce hacia Él.
Ábrenos, predicador de las Españas,
a la VERDAD que aprendiste de los labios del Maestro.
Danos, testigo del Evangelio,
la fuerza de amar siempre la VIDA.

Ponte tú, Patrón de los peregrinos,
al frente de nuestra peregrinación cristiana y juvenil.
Y que así como los pueblos caminaron antaño hasta ti,
peregrines tú con nosotros al encuentro de todos los
[pueblos.
Contigo, Santiago Apóstol y Peregrino,
queremos enseñar a las gentes de Europa y del mundo
que Cristo es –hoy y siempre–
el CAMINO, la VERDAD y la VIDA.

Plegaria del Papa ante la tumba del Apóstol en la Catedral Compostelana, sábado 19/8/1989

ÍNDICE DE MATERIAS

ÍNDICE